全国高等教育自学考试思想政治理论课同步辅导丛书

自学同步辅导　课程代码【03709】

U0747884

马克思主义基本原理概论

Makesi Zhuyi

Jiben Yuanli Gailun Zixue Tongbu Fudao

编写依据　《马克思主义基本原理概论》卫兴华　赵家祥 主编
　　　　　北京大学出版社
　　　　　罗发仁　编

中南大学出版社
www.csupress.com.cn

前　言

　　"马克思主义基本原理概论"是全国高等教育自学考试本科阶段的公共必考课,是高等教育思想政治理论课程体系的重要课程之一,是帮助广大自学应考的大学生掌握马克思主义基本原理,树立正确世界观、人生观、价值观的主渠道和重要环节。

　　近年来,随着经济社会的快速发展,新的法律法规不断出台,科技成果不断涌现。为了适应社会发展需要,更新教育观念,深化教育改革,使自学考试更好地提高人才培养的质量,全国考委公共课课程指导委员会对原课程自学考试大纲组织了修订或重编。

　　为了使广大自学应考的大学生能及时、快速地掌握新考纲的内容,大幅度地提高学习效率,从而顺利地通过考试,我们特组织编写了本课程的自学同步辅导用书。

　　本书根据最新的全国高等教育自学考试大纲的内容和要求,并以全国高等教育自学考试指导委员会组编的全国高等教育自学考试的指定教材《马克思主义基本原理概论》为依据,组织长期参加自学考试辅导的高校一线教师编写。本书知识点详尽、重难点分明,全书分为自学指导、题型练习、历年真题和强化模拟四个部分,以使广大自学考生能方便地结合教材,轻松、高效地同步学习。

　　最后,愿本书能帮助您顺利通过自学考试!

编者

2015 年 9 月

自学指导

第一部分

绪论　马克思主义是关于工人阶级和人类解放的科学

内容提要：

马克思主义的产生与发展／马克思主义科学性与革命性的统一／学习、运用和发展马克思主义

重点和难点内容提示：

☆ *马克思主义的产生和发展(P38~47)*

· 马克思主义是时代的产物，时代孕育了马克思主义，同时马克思主义的兴起和发展也开辟了新的时代。

(1) 工业革命的深入推动了资本主义的迅速发展，也导致了其内部矛盾的尖锐化，为马克思主义的诞生提供了客观条件；

(2) 工人阶级作为一支独立的政治力量登上历史舞台，进行反对资本主义制度和资产阶级统治的斗争，为马克思主义的诞生准备了阶级基础。

· 马克思主义哲学、马克思主义政治经济学和科学社会主义是马克思主义科学体系的主要组成部分。

· 马克思主义的理论来源主要包括以下两个方面：

(1) 德国古典哲学(黑格尔、费尔巴哈)、英国古典政治经济学(亚当·斯密、大卫·李嘉图)、19世纪英法两国的空想社会主义(圣西门、傅立叶、欧文)，是马克思主义的直接理论来源；

(2) 自然科学的三大发现(细胞学说、能量守恒和转化定律与生物进化论)，对马克思主义产生的影响尤为重要。

· 马克思主义在实践中不断发展的具体表现。

(1) 马克思主义是时代的产物、实践经验的总结、科学成果的升华，所以它必然会随着时代的改变、实践的扩展、科学的进步而不断丰富和发展其自身。在马克思主义产生160多年来的历史过程中，它的创始人和后继者总是根据变化了的实际情况，不断推进马克思主义的理论创新，从而形成了一部内容丰富并持续向前的马克思主义发展史。

(2) 马克思、恩格斯不但是马克思主义的创立者，而且也是马克思主义的发展者。马克思主义公开问世后，马克思、恩格斯又通过总结实践经验、理论研究以及同反马克思主义观点的论战，不断把马克思主义理论推向前进。通过1848年欧洲革命、1871年巴黎工人起义和巴黎公社实践的检验，他们在一定程度上认识到资本主义制度的自我调节功能，从而对工人阶级斗争形式和斗争策略的认识也作出了相应改变。

(3) 马克思、恩格斯逝世以后，列宁在帝国主义和无产阶级革命的时代条件下，在领导俄国无产阶级革命和社会主义改造与社会主义建设的实践中，在同第二国际修正主义的斗争中，继承、捍卫、发展了马克思主义，把马克思推进到一个新的阶段，即列宁主义阶段。

(4) 马克思主义在19世纪末20世纪初传入中国，逐渐形成了中国化的马克思主义，

产生了**毛泽东思想**,形成了包括**邓小平理论**、**"三个代表"**重要思想以及**科学发展观**等重大战略思想在内的中国特色社会主义理论体系。党的十八大以来,**习近平总书记发表的系列重要讲话**,是坚持和发展中国特色社会主义的最新理论成果,是我们实现中华民族伟大复兴中国梦的强大思想武器。

☆ 马克思主义科学性与革命性的统一(P46~53)

· 马克思主义的科学内涵:马克思主义是以反对资本主义、建设社会主义和共产主义为目标的科学理论体系,是关于工人阶级和人类解放的科学。

· 马克思主义的根本理论特征是以实践为基础的科学性和革命性的统一。
(1) 马克思主义的科学性,在于它不带任何偏见,力求按照世界的本来面目如实地认识世界;在于它的深刻性;还在于它经受了实践的检验并随之不断发展。
(2) 马克思主义的革命性集中体现为它的彻底批判精神,不仅适用于对资本主义制度的批判,也适用于社会主义社会的自我反思、自我审视,以及它具有鲜明的政治立场。
(3) 马克思主义的革命性和科学性是紧密联系在一起的。科学性根源于革命性的要求,并且通过革命性表现出来;革命性必须以科学性为前提和基础,并且靠科学性来保证。二者内在地结合在马克思主义的整个理论体系之中,通过一系列原理表现出来。
(4) 马克思主义的科学性和革命性都是以实践性为基础的。实践的观点是马克思主义的基本观点,是马克思主义的出发点和归宿。

· 马克思主义的理论品质是与时俱进。
与时俱进就是党的全部理论和工作要体现时代性,把握规律性,富于创造性。

· 最高理想与共同理想之间的关系。
马克思主义的社会理想就是推翻资本主义、实现社会主义和共产主义(最高理想)。就我国人民的社会理想而言,实现共产主义是最高理想;走中国特色社会主义道路,把我国建设成为富强、民主、文明、和谐的社会主义现代化国家是共同理想。两者之间既相互区别又相互联系,是辩证统一的关系。
(1) 共同理想是实现最高理想的必经阶段和必要基础;
(2) 实现共同理想,必须坚持以最高理想为根本方向。

☆ 学习、运用和发展马克思主义(P53~58)

· 学习马克思主义的目的是:树立正确的世界观、人生观、价值观;掌握认识世界和改造世界的伟大工具;全面提高人的素质;指导中国特色社会主义伟大实践。

· 在新的历史条件下丰富与发展马克思主义。
(1) 现今时代和实践的变化与发展向马克思主义提出许多新的研究课题并提供了不少回答这些问题的实践经验。(现实社会主义的变化向马克思主义提出的研究课题;当代资本主义的新变化向马克思主义提出的研究课题;经济全球化向马克思主义提出的研究课题;世界新技术向马克思主义提出的研究课题;我国的改革开放和现代化建设向马克思主义提出的研究课题)
(2) 要在新的历史条件下丰富和发展马克思主义,必须了解马克思主义的发展史,掌握马克思主义的已有基础,这就需要认真阅读马克思主义经典作家的原著。
(3) 在新的历史条件下丰富和发展马克思主义,对马克思主义进行理论创新,要有毅力,要勇于探索,要持之以恒,要有百折不挠的精神。
· 学习马克思主义的根本方法是理论联系实际。

第一章　物质世界及其发展规律

内容提要:

物质世界和实践/物质世界的普遍联系与永恒发展/客观规律性与主观能动性/解放思想,实事求是

重点和难点内容提示:

☆物质世界和实践(P60~71　)

· 世界观是人们对整个世界的根本看法和根本观点。
· 哲学的基本问题是思维和存在的关系问题或意识和物质的关系问题。它的内容包括两方面:

(1)物质和意识何者为第一性的问题,即世界的本原是什么的问题,这是划分唯物主义和唯心主义的标准;

(2)思维和存在有无同一性的问题,即思维能不能认识存在、世界能不能被认识的问题,这是划分可知论和不可知论的标准。

· 唯物主义把世界的本源归结为物质,主张物质第一性,意识第二性,意识是物质的产物。

唯心主义把世界的本源归结为精神,主张意识第一性,物质第二性,物质是意识的产物。

· 一元论承认世界的统一性,认为世界上的万事万物有一个共同的本质或本原。一元论分为唯心主义一元论(本原:意识)和唯物主义一元论(本原:物质)。

· 二元论否认世界的统一性,认为物质和精神是两个相互平行、各自独立的本原。

· 辩证唯物主义和历史唯物主义是彻底的唯物主义一元论,其基本观点是:

(1)承认世界的统一性,坚持一元论,反对二元论;

(2)认为世界统一于物质,坚持唯物主义一元论,反对唯心主义一元论;

(3)认为世界是运动发展的、无限多样性的统一,克服了旧唯物主义把世界的本原归结于某一种或几种具体的物质形态局限性。

· 物质是不依赖于意识又能为意识所反映的客观实在。物质的唯一特性是客观实在性。
· 列宁的物质定义及其现实意义。

(1)列宁的物质定义是:"物质是标志客观实在的哲学范畴,这种客观实在是人通过感觉感知的,它不依赖于我们的感觉而存在,为我们的感觉所复写、摄影、反映。"

(2)其理论的现实意义:第一,它指出物质是不依赖于意识的客观实在,同唯心主义划清了界限;第二,它指出物质是可以被人们认识的,同不可知论划清了界限;第三,它指出客观实在性是一切物质的共性,克服了旧唯物主义物质观的局限性。

· 运动是物质的根本属性和存在方式。时间是物质运动的持续性和顺序性。空间是物质

运动的广延性和伸张性。

· 实践具有客观性、自觉能动性和社会历史性三个基本特点。实践包括物质生产实践、处理社会关系的实践和科学实验三种基本形式。人生活的世界是与人的实践相联系的物质世界。

☆ 物质世界的普遍联系与永恒发展(P71~89)

· 唯物辩证法的总特征是联系的观点和发展的观点。

· 联系的普遍性和复杂多样性。

(1)联系的普遍性是指世界上任何事物都不能孤立地存在,都与周围的其他事物处于相互联系之中;每一事物内部各要素也不能孤立地存在,都是与其他要素相互联系的;整个世界不是各种孤立的事物的机械堆积,而是由无数相互联系的事物构成的统一整体。

(2)联系的复杂多样性是指事物内部或事物之间的具体联系是复杂多样的。其联系的主要形式有:直接联系与间接联系、本质联系与间接联系、内部联系与外部联系、本质联系与非本质联系、必然联系与偶然联系,等等。

· 唯物辩证法和形而上学是两种根本对立的发展观,是关于世界如何存在的两种根本不同的观点。其对立主要表现为三个方面:联系观点和孤立观点的对立;发展变化观点和静止不变观点的对立;承认事物内部矛盾和否认事物内部矛盾的对立。

· 唯物辩证法和形而上学的根本对立和斗争焦点在于是否承认矛盾是事物发展的动力。

· 唯物辩证法的实质与核心是对立统一规律,其提供的最根本的认识方法是矛盾分析法。

· 矛盾的两种基本属性是同一性与斗争性:

(1)矛盾的同一性是指矛盾双方相互联系、相互吸引的性质;

(2)矛盾的斗争性是指矛盾双方相互排斥、相互对立的性质。

· 矛盾是事物发展的动力。

(1)事物发展的动力和源泉是事物的内部矛盾。矛盾的同一性和斗争性在事物发展中都起着重要作用。

(2)矛盾的同一性的作用:第一,矛盾双方相互依存,使事物保持相对稳定性,为事物的存在和发展提供必要的前提;第二,矛盾双方互相从对方吸取有利于自身的因素而得到发展;第三,矛盾的同一性规定着事物发展的基本趋势。

(3)矛盾的斗争性的作用:第一,在事物量变过程中,斗争推动着矛盾双方的力量对比和相互关系发生变化,为质变做准备;第二,在事物质变过程中,斗争突破事物存在的限度,促成矛盾的转化,实现事物的质变。

· 矛盾的普遍性与特殊性:

(1)矛盾的普遍性是指矛盾存在于一切事物的发展过程中,存在于一切事物发展过程的始终;

(2)矛盾的特殊性是指不同事物的矛盾各有其特点,同一事物的矛盾在不同发展过程和发展阶段各有不同特点,构成事物的诸多矛盾以及每一矛盾的不同方面各有不同的性质、地位和作用。

· 矛盾的普遍性和特殊性辩证关系的原理是矛盾问题的精髓。矛盾的特殊性原理具有重要的方法论意义。

- 分析矛盾的特殊性就是坚持具体问题具体分析。这是正确认识事物的基础,是正确解决矛盾的关键。这也是马克思主义的活的灵魂。
- 主要矛盾和次要矛盾的关系:

(1) 主要矛盾规定和影响次要矛盾的存在和发展,次要矛盾对主要矛盾有制约作用,二者相互影响、相互作用;

(2) 主要矛盾和次要矛盾在一定条件下可以相互转化。

- 量变和质变的含义及其辩证关系原理。

(1) 量变和质变是事物发展变化的两种状态。量变是事物数量的增减和场所的变更,以及事物构成成分在空间上排列组合的变化。质变是事物根本性质的变化,是事物由一种质态向另一种质态的飞跃。事物的变化是否超出度的范围,是区分量变和质变的根本标志。

(2) 量变和质变是辩证统一的:第一,量变是质变的必要准备,是质变的前提和基础,没有一定的量变,就不会发生质变;第二,质变是量变的必然结果,量变达到一定的程度必然引起质变;第三,量变和质变相互渗透,质变体现和巩固量变的成果,为在新质基础上的量变开拓道路,而在总的量变过程中又有阶段性和局部性的部分质变。

- 肯定与否定是事物内部两个相反的方面,又是辩证统一的,它们相互依存、相互渗透。
- 唯物辩证法的否定观的主要内容:

(1) 辩证的否定是事物的自我否定;

(2) 辩证的否定是联系和发展的环节;

(3) 辩证的否定是扬弃,即既克服又保留。

- 否定之否定规律揭示了事物的发展是前进性和曲折性的统一。
- 掌握原因与结果、必然性与偶然性、可能性与现实性、内容与形式、本质与现象辩证关系原理的意义。

(1) 原因和结果是事物或现象之间引起和被引起的联系。掌握原因与结果辩证关系的原理具有重要意义。首先,只有找出某一事物或现象产生的原因,才能认识其本质和规律,从而发现解决问题的有效方法。其次,正确把握因果联系,才能很好地总结经验教训,以便更好地指导今后的行动。

(2) 必然性和偶然性是事物联系和发展中两种不同的趋势。掌握必然性与偶然性辩证关系的原理具有重要意义。首先,偶然性是受必然性支配的,必然性决定着事物发展的方向和前途。其次,偶然性是必然性的表现形式和补充。最后,我们在实际中要利用一切有利的偶然因素去推动工作,防止和消除不利的偶然因素的影响。

(3) 可能性与现实性是对立统一的关系。掌握可能性和现实性辩证关系的原理具有重要意义。首先,可能性不等于现实性,一切工作要从现实出发,而不能从可能出发。其次,为了使好的可能性转化为现实,必须在尊重客观规律的基础上自觉地发挥主观能动性,创造有利条件,改变不利条件。

(4) 任何事物都是内容与形式的统一体,内容和形式是事物的内在要素和结构方式,两者是相互对立、相互作用的关系。掌握内容与形式的辩证关系的原理具有重要意义。首先,我们必须自觉运用内容决定形式、形式反作用与内容的原理,注意内容,根据内容的需要利用旧形式和创造新形式。其次,在观察和处理问题时,要重视内容,反对形式主义;但也不能忽视形式对内容的反作用,反对抹煞形式作用的形式虚无主义。

(5) 任何事物都是本质与现象的统一体,都具有本质和现象两个方面。掌握本质与现象的辩证关系的原理具有重要意义。首先,本质和现象是对立的,对事物的认识不能停留在表面现象上。其次,本质和现象是统一的,对大量的现象进行深入分析是揭示事物本质的正确途径。

☆ 客观规律性与主观能动性(P89～95)

· 规律具有的两个特点是客观性和普遍性。
· 从意识的起源上说,意识不仅是自然界长期发展的产物,而且是社会性劳动的产物。
· 意识的本质:
(1) 意识是人脑的机能,人脑是意识的物质器官;
(2) 意识是客观世界的主观映像,是人脑对客观世界的反映;
(3) 意识是社会的产物。

☆ 解放思想,实事求是(P95～96)

· 解放思想与实事求是的相互关系是辩证统一的。
(1) 实事求是是解放思想的目的,解放思想就是为了更好地做到实事求是;
(2) 解放思想是坚持实事求是的前提,只有解放思想,才能切实做到实事求是。

第二章 认识的本质及其规律

内容提要:
认识的本质/认识的辩证运动/真理与价值/认识世界与改造世界的统一
重点和难点内容提示:

☆ 认识的本质(P98～106)

· 实践对认识的决定性作用。
辩证唯物主义认识论之第一的基本的观点就是实践的观点。
(1) 实践是认识的来源;
(2) 实践是认识发展的动力;
(3) 实践是检验认识真理性的唯一标准;
(4) 实践是认识的目的。
· 认识的主体是指认识和实践活动的承担者,具有自然的物质基础,具有社会历史性和能动性。
· 认识的客体是指人的实践活动和认识活动所指向的对象,由自然客体、社会客体和精神客体构成,具有客观实在性和对象性。
· 认识的真正本质是在实践中主体对客体的能动反映。掌握认识的本质的理论意义:
(1) 揭示了唯物论的反映论与唯心论的认识论的对立。前者从存在第一性、思维第二性的根本原则出发,认为认识是主体对客体的反应;后者则相反,主张人的认识是先于经验而获得的。

（2）揭示了可知论与不可知论(休谟、康德)的对立。可知论认为思维能够认识,并能正确认识现实世界;不可知论则认为世界是不可认识或不能彻底认识的。

（3）揭示了辩证唯物论的能动反映论与旧唯物论的机械反映论的对立。前者把实践观引进认识论,把认识看作主体能动地反映客体的过程;后者离开主体的社会性、实践性和能动性去考察主客体之间的关系,把认识理解为主体对客体的直观的照镜子式的反映。

☆ 真理与价值(P110~118)

- 真理与谬误的区别在于真理是正确反映客体的认识,谬误是歪曲反映客体的认识。
- 真理具有绝对性,通常把真理的绝对性称作"绝对真理",它具有两个方面的含义:
  （1）真理是对客观事物及其规律的正确反映,是与客观世界相符合、相一致的认识,任何真理总是包含着不依赖主体和人类的客观内容,这是无条件的、绝对的;
  （2）物质世界是无限发展的,无限发展着的物质世界的存在是绝对的。人的每一个真理性认识,都是向着这个无限发展着的物质世界的接近,这也是无条件的、绝对的。
- 真理具有相对性,通常把真理的相对性称作"相对真理",它具有两个方面的含义:
  （1）从广度上看,任何真理只能是对客观世界某一部分的某些方面的正确认识,这种真理性的认识在广度上是有限的,是受条件制约的,它需要进一步扩展;
  （2）从深度上看,任何真理都只是对客观世界某一部分一定程度、一定层次近似正确的反映,认识有待深化。
- 真理的绝对性和相对性是辩证统一的关系:
  （1）两者相互依存;
  （2）两者相互包含、相互渗透;
  （3）相对真理向绝对真理转化,这也是真理的发展过程。
- 实践是检验真理的唯一标准,这是由真理的本性和实践的特点决定的:
  （1）从真理本性看,真理是人们对客观事物及其发展规律的正确反映,它的本性在于主观和客观相符合;
  （2）从实践的特点看,实践是人们改造世界的客观的物质性活动,实践把主观和客观联系起来了。

☆ 认识世界与改造世界的统一(P118~122)

- 马克思主义哲学认识论是党的思想路线的理论基础。
  中国共产党的思想路线是一切从实际出发,理论联系实际,在实践中检验真理和发展真理。党的思想路线与马克思主义哲学认识论是统一的,具体表现如下:
  （1）党的思想路线坚持了一切从实际出发的原则。一切从实际出发既是马克思主义的根本要求,也是马克思主义哲学认识论在实际工作中的具体表现。
  （2）党的思想路线坚持了理论联系实际的原则。马克思主义哲学认识论始终坚持理论联系实际,坚持认识和实践的统一。
  （3）"实事求是"是党的思想路线的核心,也是马克思主义哲学的精髓,它充分体现了马克思主义认识论的根本原则。

（4）马克思主义哲学认识论认为，实践是检验真理的唯一标准。党的思想路线坚持了实践是检验真理的唯一标准。

· 马克思主义哲学认识论与党的群众路线是统一的。

（1）党的群众路线是：一切为了群众，一切依靠群众，从群众中来，到群众中去。

（2）"从群众中来"就是从实践到认识的过程，"到群众中去"就是从认识到实践的过程，这与马克思主义哲学认识论是一致的，是马克思主义哲学认识论在实际工作中的运用。

第三章　人类社会及其发展规律

内容提要：

社会基本矛盾及其运动规律／社会历史发展的动力／人民群众在历史发展中的作用

重点和难点内容提示：

☆ 社会基本矛盾及其运动规律（P124～139 ）

· 社会存在是指社会物质生活条件的总和，包括地理环境、人口因素和物质生活资料的生产方式。社会存在在社会发展中的作用：

（1）地理环境：一方面通过对生产的影响，加速或延缓社会的发展；另一方面通过对军事、政治的影响，在一定程度上制约不同国家社会的发展。

（2）人口因素：一方面，一定数量的人口是社会物质生产的必要前提，人口是物质生产的自然基础；另一方面，人口状况能加速和延缓社会的发展，与物质生产相适应的人口状况，才能促进社会的发展。

（3）生产方式：生产方式在社会发展中起决定作用。生产方式是人类从动物界分离出来的根本动力和人类区别动物的根本标志，是人类和人类社会得以存在和发展的基础，是形成人类一切社会关系的基础，并决定社会制度的性质和社会制度的更替。

· 社会意识是指社会的精神生活过程，按其复杂结构从不同角度可分为社会心理和思想体系、意识形态和非意识形态、个体意识和群体意识。

· 社会存在和社会意识的关系是辩证统一的，社会存在决定社会意识，社会意识是对社会存在的反映，并反作用于社会存在。历史观的基本问题就是社会存在和社会意识的关系问题。

· 社会意识的相对独立性是指社会意识在反映社会存在、被社会存在所决定的同时，还具有自身的能动性和独特的发展规律，它的发展与社会存在的发展并不总是保持一致和平衡。社会意识的相对独立性主要表现在五个方面：

（1）社会意识与社会存在的变化发展的非完全同步性；

（2）社会意识与社会经济发展水平具有不平衡性；

（3）社会意识的发展具有历史基础性；

（4）社会意识各种形式之间相互作用、相互影响；

（5）社会意识对社会存在的反作用（能动性）。

· 生产力是人类利用自然、改造自然、从自然界获取物质资料的能力。生产力范畴反映的是人与自然界的关系。现代生产力系统包括四类要素:独立的实体性因素、运筹性的综合因素、渗透性因素和准备性因素。

- 生产关系是指人们在物质生产过程中结成的经济关系,它是社会关系中最基本的关系。它包括三项内容:第一,生产资料的所有制形式;第二,人们在生产中的地位及其相互关系;第三,产品的分配方式。

- 科学技术是第一生产力有三层含义:
  (1) 科学渗透于现代生产力系统的各类要素之中;
  (2) 科学对物质生产具有主导作用和超前作用;
  (3) 科学技术已经成为推动生产力发展的重要杠杆。

- 生产力与生产关系之间的辩证关系:
  (1) 生产力决定生产关系,生产力的性质决定生产关系的性质,生产力的发展决定生产关系的改变;
  (2) 生产关系反作用于生产力,适合生产力性质和发展要求的先进的生产关系,可以促进生产力的发展,反之则阻碍生产力的发展。

- 经济基础是指一定社会中占统治地位的生产关系各个方面的总和。人类社会的三个基本层次:生产力、生产关系(经济基础)、上层建筑。

- 上层建筑的两大组成部分是政治上层建筑和观念上层建筑。上层建筑各种因素中居于主导地位的是政治。国家是阶级矛盾不可调和的产物和表现,是统治阶级压迫被统治阶级的暴力工具。

- 经济基础与上层建筑的辩证关系。
  (1) 经济基础决定上层建筑。第一,经济基础决定上层建筑的产生及性质;第二,经济基础的变化决定上层建筑的变化。
  (2) 上层建筑反作用于经济基础。这种反作用集中表现为它是为经济基础服务的。

- 经济社会形态是直接或间接以生产关系的性质为标准划分的社会形态。技术社会形态是以生产力和技术发展水平以及与此相适应的产业结构为标准划分的社会形态。

- "社会经济形态的发展是一种自然历史过程。"这句话说的是社会发展具有不以人的意志为转移的客观规律性。社会形态更替具有统一性、多样性、必然性,人们的历史选择性、前进性与曲折性。

- 三种社会形态划分法与五种社会形态划分法的关系:
  人的依赖性社会(自然经济社会)包括原始社会、奴隶社会、封建社会三种社会形态;
  物的依赖性社会(商品经济社会)指的是资本主义社会、社会主义社会初级阶段;个人全面发展的社会(产品经济社会)指的是未来的共产主义社会。

☆ 社会历史发展的动力(P139~148)

- 人类社会发展的基本动力是社会基本矛盾。社会基本矛盾是指生产力与生产关系、经济基础与上层建筑之间的矛盾。

- 阶级产生的根本前提是由于生产力发展而出现剩余产品。划分阶级的唯一标准是经济标准。阶级斗争是阶级社会发展的直接动力。物质利益的对立是阶级斗争的根源。

- 社会主义社会改革的特点:

（1）社会主义社会的改革是主动的、自觉的；

（2）社会主义社会的改革是从广大人民群众的利益出发，为了满足广大人民群众的要求而进行的，有广阔而深厚的群众基础；

（3）社会主义社会的改革，可以在社会主义制度本身的范围内，使各种矛盾不断地得到解决。

- 中共十八届三中全会确定了全面深化改革的总目标是："完善和发展中国特色社会主义制度，推进国家治理体系和治理能力现代化。必须更加注重改革的系统性、整体性、协同性，加快发展社会主义市场经济、民主政治、先进文化、和谐社会、生态文明，让一切创造社会财富的源泉充分涌流，让发展成果更多更公平惠及全体人民。"

☆ 人民群众在历史发展中的作用(P148～157)

- 杰出人物在历史上的作用。

（1）先进阶级的政治代表人物能够反映他们所处时代的发展趋势，他们在革命和建设事业中，起着倡导者和发起人的作用。

（2）先进阶级的政治代表人物能够贯彻他们的先进思想和主张，在斗争中起着核心和中流砥柱的作用。

（3）在历史发展的一定阶段上，某些占统治地位的剥削阶级的代表人物，在特定的社会条件下，可能成为"开明的政治家"，他们的一些主张和改革措施，也对社会发展起某些促进和推动作用。

（4）杰出的科学家、思想家、理论家、教育家、文学艺术家等的创造性活动及其成果，对于人类科学文化教育事业的发展和社会的物质精神文明水平的提高起着重要的作用，有力地推动了历史的发展和社会的进步。

- 在改革开放的新形势下坚持党的群众路线的现实意义。

（1）在改革开放的新形势下，必须推进党的作风建设，核心是保持党同人民群众的血肉联系。

（2）我们党的最大政治优势就是密切联系群众，党执政后的最大危险就是脱离群众，因此在改革开放的新形势下，必须坚持党的群众路线。

（3）在任何时候任何情况下，都必须坚持党的群众路线，坚持全心全意为人民服务的宗旨，把实现人民群众的利益作为一切工作的出发点和归宿。

（4）最大多数人的利益和全社会全民族的积极性创造性，对党和国家事业的发展始终是最具有决定性的因素。

（5）在我国社会深刻变革、党和国家事业快速发展的进程中，必须妥善处理好各方面的利益关系。

第四章　资本主义的形成及其本质

内容提要：

资本主义的形成/资本主义经济制度的本质特征/资本的流通过程和剩余价值的分配/

资本主义的政治制度和意识形态

重点和难点内容提示：

☆ 资本主义的形成(P159～169)

· 商品经济产生和存在的一般基础和条件是<u>社会分工的出现和发展</u>,决定性条件是<u>生产资料和劳动产品属于不同的所有者</u>。

· 商品的二因素:<u>使用价值</u>和<u>价值</u>。

(1) 使用价值:使用价值是一种物品能够满足人们某种需要的属性,即物品的有用性,<u>是商品的自然属性</u>。

(2) 价值:无差别的一般人类劳动的凝结,形成商品的价值,<u>价值反映商品生产者之间的关系,是商品的社会属性</u>。

· 商品二因素的相互关系:

(1) 作为商品,必然同时具有使用价值和价值两个因素;

(2) 没有使用价值的物品,不可能有价值,使用价值是价值的物质承担者,而价值则寓于使用价值之中;

(3) 有使用价值的但没有价值的物品,也不是商品,<u>价值是商品的最本质因素</u>。

· 劳动的二重性:<u>具体劳动</u>和<u>抽象劳动</u>。<u>具体劳动创造出商品的使用价值,抽象劳动创造了商品的价值</u>。

· 劳动二重性的相互关系:

(1) 具体劳动和抽象劳动是商品生产者的同一劳动过程的不可分割的两个方面,两者在时空上是统一的,并不是各自独立存在的两种劳动或两次劳动;

(2) 商品生产者在从事具体劳动的同时,也就支出了抽象劳动;

(3) <u>具体劳动是生产商品劳动的自然属性</u>,<u>抽象劳动是生产商品劳动的社会属性</u>。

· 商品价值量的决定及其与劳动生产率之间的关系。

(1) 商品的价值量是由生产商品的社会必要劳动时间所决定的。社会必要劳动时间是在社会正常的生产条件下,在社会平均的劳动熟练程度和劳动强度下制造某种使用价值所需要的劳动时间。

(2) 商品价值量同劳动生产率之间的关系:单位商品的价值量与包含在商品中的社会必要劳动量成正比,而与生产该商品的劳动生产率成反比。

· 货币的本质是固定充当一般等价物的商品,它体现着商品经济条件下商品生产者之间的社会经济关系。

· 货币的职能:<u>价值尺度</u>、<u>流通手段</u>、<u>贮藏手段</u>、<u>支付手段</u>、<u>世界货币</u>。其中,<u>价值尺度和流通手段是货币最基本的职能</u>。

· 价值规律的基本内容和要求是:<u>商品的价值由生产商品的社会必要劳动时间所决定,商品交换以价值为基础,实行等价交换</u>。

· 价值规律作用的表现形式:<u>随着商品供求关系的变化,价格围绕价值上下波动</u>。

· 价值规律在私有制商品经济中的作用:

(1) 价值规律自发地调节生产资料和劳动力在社会生产各部门之间的分配比例,即调节社会资源的配置;

(2) 价值规律自发地促进社会生产力的发展；

(3) 价值规律会引起和促进商品生产者的分化。

· 资本主义生产关系产生和形成的条件：

(1) 在封建社会末期小商品生产者两极分化的基础上,资本主义生产关系产生；

(2) 商业的发展对资本主义生产关系的产生起了重要促进作用；

(3) 资本原始积累加速了资本主义生产关系的形成。

☆ 资本主义经济制度的本质特征(P169~177)

· 货币转化为资本的前提是货币所有者购买到劳动力商品。

· 劳动力商品的使用价值的特殊性在于它不仅能创造出价值,而且能够创造出比劳动力自身的价值更大的价值,从而能为它的购买者带来剩余价值。

· 资本主义生产过程是劳动过程和价值增殖过程的统一。

· 划分可变资本与不变资本的意义：

(1) 进一步揭露了剩余价值的源泉和资本主义的剥削实质；

(2) 它为揭示资本家对工人的剥削程度提供了科学依据。

· 剩余价值规律是资本主义的基本经济规律,决定着资本主义生产方式产生、发展和衰亡的全部过程。

· 剩余价值生产的两种基本方法。

(1) 绝对剩余价值生产：延长工作日、提高劳动强度。

(2) 相对剩余价值生产：缩短必要劳动时间、提高劳动生产率、降低劳动力价值。

· 资本积累的实质：资本家用无偿占有工人创造的剩余价值,进行资本积累来增大资本规模,以便继续占有更多的剩余价值,从而占有不断增大的资本来扩大对工人剥削和统治。

· 资本积累的后果：一是导致资本有机构成的提高；二是相对过剩人口的形成；三是引起严重的贫富两极分化。

· 资本主义进步的历史作用：社会劳动生产力的提高和劳动的社会化。

☆ 资本的流通过程和剩余价值的分配(P177~185)

· 产业资本在其现实循环运动过程中,依次经过购买阶段、生产阶段、销售阶段三个阶段。

· 资本周转速度对剩余价值生产的影响。

(1) 产业资本周转速度的快慢,影响到一定数量的预付资本在一定时期内所能带来的剩余价值量的多少。

(2) 加速资本周转,可以增加剩余价值量和提高剩余价值率。

· 资本主义经济危机实质上是生产相对过剩的危机,其产生根源在于资本主义生产方式的基本矛盾,即生产的社会化与生产资料私人资本主义占有形式之间的矛盾。

· 社会资本再生产的周期一般包括四个阶段,即危机、萧条、复苏和高涨,其中危机阶段是周期的基本阶段。

· 平均利润的形成及其本质。

(1) 部门之间的竞争形成平均利润。部门之间的竞争是以资本转移为特征的,即资本向利润率高的部门转移。原来利润率较高的部门,由于大量资本转移进来,引起商品供求关系的变化,导致商品价格的变化,从而影响利润率的变化。这样,资本在不同部门之间的转移,最终形成平均利润(平均利润=预付资本×平均利润率)。

(2) 平均利润本质上是全社会的剩余价值在各生产部门资本家之间的重新分配,体现着资产阶级剥削工人阶级的经济关系。

- 商业利润是产业资本家让渡给商业资本家的一部分剩余价值,它的来源是产业部门的工人创造的剩余价值。

☆ 资本主义政治制度和意识形态(P185～194)

- 资本主义政治制度就是资产阶级为实现其阶级专政而采取的统治方式和方法及各种相关制度的总和。它主要包括资本主义的国家制度、政党制度、选举制度、三权分立制度、民主制度等,其中国家制度是资本主义政治制度的核心。

- 资本主义政治制度的本质是为其经济基础服务,为资产阶级的统治服务。

第五章　资本主义发展的历史进程

内容提要:

从自由竞争资本主义到垄断资本主义／经济全球化与当代资本主义的新变化／资本主义的历史地位和发展趋势

重点和难点内容提示:

☆ 从自由竞争资本主义到垄断资本主义(P196～212)

- 垄断:指少数资本主义大企业,为了获得高额利润,通过相互协议或联合,对一个或几个部门商品的生产、销售和价格,进行操纵和控制。

- 私人垄断资本主义的基本特征:

(1) 垄断资本在国内统治的特征:垄断在经济生活中占统治地位,金融资本和金融寡头的统治;

(2) 垄断资本在国外统治的特征:资本输出在经济生活中占重要地位;国际垄断同盟在经济上瓜分世界;垄断资本主义列强瓜分和重新瓜分世界。

- 20世纪上半期,较为重要的垄断组织形式:卡特尔、辛迪加、托拉斯、康采恩;20世纪后半叶,垄断组织的形式主要是混合联合公司。

- 垄断组织的形成及其在经济政治上统治的目的是获取高额垄断利润。垄断利润来源于工人阶级和劳动人民所创造的剩余价值。垄断利润主要通过垄断组织制定的垄断价格来实现。垄断利润和垄断价格的出现,并没有否定价值规律,而是价值规律作用的形式发生了变化。

- 金融寡头在经济上的统治主要是通过实行"参与制"实现,在政治上的统治主要是通过"个人联合"方式实现。

- 国家垄断资本主义大发展的原因:

(1) 仅靠私人垄断资本主义的力量,无法满足大规模经济建设所需要的巨额资金;

（2）在一些大规模公共设施的建设上，私人垄断资本无能为力或不愿投资建设；

（3）一些大型、基础性、前导性的科学研究项目，也是私人垄断资本不愿涉足的领域；

（4）日益严重的生产过剩问题仅靠私人垄断资本难以解决；

（5）社会化大生产的发展，要求国家出面进行某些宏观经济调控；

（6）在经济利益关系的调整方面，国家的再分配功能也越来越重要。

- 国家垄断资本主义的基本形式可归纳为三种类型：

（1）<u>国家直接掌握的垄断资本</u>，也就是资本主义国家中的国有经济、国有企业，这些都是为垄断资本的根本利益服务的；

（2）<u>国家和私人资本在企业内部的结合</u>，即资本主义国家中的国有资本与私人资本结合在一个企业中的经济形式，仍然是为了解决单纯的私人资本难以解决的一些问题；

（3）<u>国家和私人资本在企业外部的结合</u>，也就是国家垄断资本主义在资本主义私人企业的外部起作用，通过这种方式来促进、诱导私人企业向既定的方向发展，从而实现国家对经济的管理和调节。

- 垄断资本主义基本经济特征的发展变化。

(1)19世纪后半叶开始，主要资本主义国家相继出现垄断现象，列宁把垄断资本主义的基本经济特征概括为五点：垄断在经济生活中占统治地位；金融资本和金融寡头的统治；资本输出在经济生活中占重要地位；国际垄断同盟在经济上瓜分世界；垄断资本主义列强瓜分和重新瓜分世界。

(2)100多年来，垄断资本主义在主要资本主义国家有很大发展，特别是第二次世界大战以后，垄断资本主义又有了一些新的发展变化。这以前的垄断主要是私人垄断，或称一般垄断。二战后出现了国家垄断资本主义，国家或者说政权的力量日益深入地介入到社会经济生活的各个领域，国家垄断取代私人垄断成为主要资本主义国家当代资本主义发展的新形式、新特征。

- 垄断资本主义国家进行宏观经济调控的目标和手段。

(1)目标主要是：<u>谋求国民经济的总量平衡</u>；<u>实现充分就业</u>；<u>谋求稳定的国民经济增长率</u>；<u>平抑经济波动，防止经济萧条或衰退</u>；<u>稳定物价，防止和抑制通货膨胀</u>；<u>谋求公平与效率，改善公民福利</u>。目前，大多数学者都把上述目标简化为充分就业、物价稳定、经济增长和国际收支平衡。

(2)为了达到上述宏观调控的经济目标，资本主义国家必须采取适当的调控手段，主要是经济手段和法律手段。在个别时候、特定情况下，还可能出台某种行政手段对国民经济进行直接的干预。

(3)当代国家垄断资本主义对宏观经济的调控，主要是通过财政政策、货币政策以及在一定程度上实行国民经济计划化实现的。

- 垄断资本主义国家向外输出资本的财力基础是其存在<u>过剩资本</u>。新殖民主义相比老殖民主义在对外经济侵略上最主要的不同做法是搞<u>"经济援助"</u>。

☆ 资本主义的历史地位和发展趋势(P219～222)

- 资本主义为社会主义代替的历史必然性。

（1）社会主义必然取代资本主义，是生产关系一定要适合生产力状况这一经济规律的客观要求。

（2）资本主义条件下生产社会化的全面发展，推动了资本关系的日益社会化，为向社会主义转变准备了日益完备的社会经济基础，使资本主义向社会主义过渡的条件日益成熟。

（3）资本的社会化是在资本主义社会的生产力和生产关系的矛盾运动中发展的。国家垄断资本主义就是资本社会化的一种形式。它的产生和发展，为全社会占有生产资料和共同组织社会化生产准备了最充分的物质条件和经济条件。

· 资本主义向社会主义过渡是一个复杂的、曲折的、长期的历史过程。

（1）资本主义社会中生产力的发展和生产社会化程度的不断提高，虽为社会主义制度的建立准备了完备的物质基础，但这并不意味着资本主义社会将自行消亡，资本主义向社会主义的转变会触及资产阶级的既得利益，必然会遭到阻挠和反抗。

（2）资本主义各国间经济政治的发展是不平衡的，社会主义革命有可能在资本主义链条中的某些薄弱环节首先发生，而另外一些资本主义国家则可能继续存在和发展。从世界范围来看，资本主义向社会主义过渡必将是一个从个别国家逐步向更多国家扩展的相当长的历史过程。

（3）社会主义制度取代资本主义制度是用公有制取代私有制，消灭剥削制度。这就使得在一个国家内，社会主义制度的建立、巩固和发展，社会主义全面战胜资本主义，必然要经过长期、反复的较量和斗争。这一切都决定了资本主义向社会主义过渡的历史长期性。

第六章　社会主义社会及其发展

内容提要：

社会主义制度的建立／社会主义在实践中发展和完善／马克思主义政党在社会主义事业中的地位和作用

重点和难点内容提示：

☆ 社会主义制度的建立（P224～236）

· 1848年2月《共产党宣言》的发表标志着科学社会主义理论的公开面世。

· 19世纪初期圣西门、傅立叶、欧文的空想社会主义思想是马克思科学社会主义的直接理论来源。

· 无产阶级革命是人类历史上最广泛、最彻底、最深刻的革命的原因：

（1）无产阶级是要消灭私有制、建立公有制的社会革命，这与以往不同私有制之间相互取代所发生的革命不可比拟的；

（2）无产阶级革命是最终要彻底消灭一切阶级剥削和阶级统治的革命；

（3）无产阶级革命是为绝大多数人谋利益的运动；

（4）无产阶级革命是不断前进的历史进程。

· 社会主义从一国到数国发展的历史贡献与经验教训。

(1) 历史贡献:第一,社会主义作为一种现实存在的社会制度出现在世界上,推动了人类历史的发展和社会制度的演进;第二,社会主义国家的存在改变了世界格局,在一定程度上遏制了资本主义和霸权主义在世界上的扩张;第三,社会主义力量坚定地支持被压迫民族和被压迫人民,推动着和平与发展的世界时代潮流;第四,社会主义引导着世界人民的前进方向。

(2) 经验教训:社会主义的实践,有辉煌的成绩,也发生过曲折,特别是东欧剧变、苏联解体的严重挫折。其最深刻的教训是,放弃了科学社会主义道路,放弃了共产党的有效领导,放弃了马克思列宁主义,结果使得已经严重的经济、政治、社会、民族矛盾进一步激化,最终酿成制度巨变、国家解体的历史悲剧。

- 无产阶级专政和社会主义民主是科学社会主义的核心内容。
- 社会主义民主是新型民主,其内涵是:

(1) 社会主义民主是人类社会最高类型的民主,与以往剥削阶级占统治地位的社会中少数人的民主在性质上根本不同。社会主义民主是绝大多数人的民主,它的本质是人民当家作主。

(2) 社会主义民主首先是社会主义的国家制度。

(3) 社会主义民主是目的和手段的统一。

☆ 社会主义在实践中发展和完善(P236~243)

- 社会主义的本质是"解放生产力,发展生产力,消灭剥削,消除两极分化,最终达到共同富裕"。社会主义的本质属性和要求是促进人的全面发展和社会和谐。
- 社会主义基本特征:

(1) 解放和发展生产力,创造高度发达的生产力和比资本主义更高的劳动生产率;

(2) 建立和完善社会主义的生产资料公有制,逐步消灭剥削,消除两极分化,最终达到共同富裕;

(3) 社会主义的分配原则是按劳分配,这是由社会主义所有制关系决定的;

(4) 社会主义事业要有马克思主义政党的领导,建立起社会主义国家政权,发展社会主义民主,完善社会主义法制,建设社会主义的政治文明;

(5) 以马克思主义为指导的社会主义文化和精神文明建设;

(6) 以人为本,构建和谐社会。

- 社会主义发展道路的多样性的原因:

(1) 各国在社会主义革命时,其生产力状况和社会发展阶段是不同的;

(2) 各国的历史传统、文化习俗及具体国情各不相同;

(3) 在社会主义的实践中,各国都在探索适合本国国情的发展道路,时代在前进,实践在发展,社会主义的发展道路因此而更具多样性。

- 社会主义的自我完善与发展。

中国改革开放30年来,通过斐然的业绩向世人展示了社会主义的自我完善与发展。

总结改革开放的实践经验可以得到如下启示:

(1) 要坚持正确的理论指导;

(2) 要坚持改革的正确方向;

（3）要选择正确的改革方式与步骤，因地制宜，循序渐进；

（4）要妥善处理改革、发展与稳定的关系。

☆ 马克思主义政党在社会主义事业中的地位和作用(P244～249)

· 坚持和改善马克思主义政党的领导的表现。

（1）马克思主义政党的领导是实现工人阶级历史使命的根本保证。因此，要在坚持党的领导核心地位的同时不断改进完善党的领导。

（2）坚持党的领导是社会主义民主政治的首要内容。因此，坚持社会主义就必须坚持马克思主义政党的领导核心地位。

（3）坚持党的领导必须不断改善党的领导。因此，要在实践中探索党在新形势下实现其思想、政治、组织领导的新形式、新方法。

（4）加强和改善党的领导，必须加强马克思主义政党的先进性建设。

第七章　共产主义社会是人类最崇高的社会理想

内容提要：

马克思主义对共产主义社会的展望／共产主义是社会历史发展的必然趋势／在建设中国特色社会主义的进程中为实现共产主义而奋斗

重点和难点内容提示：

☆ 马克思主义对共产主义社会的展望(P251～258)

· 马克思主义经典作家对共产主义社会的展望：

（1）社会生产力高度发展和物质财富极大丰富；

（2）实行社会公有制和按需分配；

（3）经济的计划调节管理和商品经济的消失；

（4）阶级的消灭和国家自行消亡；

（5）精神境界极大提高；

（6）人的自由而全面发展；

（7）全人类的彻底解放。

· 社会生产力的高度发展是实现共产主义社会的根本条件和基础。"各尽所能，按需分配"是共产主义社会的显著特征和一面旗帜。

· 社会阶级的消灭是以生产高度发展的阶段为前提的。只有在阶级被彻底消灭的条件下，国家才能自行消亡。

· 全人类的彻底解放所包含的内容：

（1）人类从自然界的奴役下解放出来，摆脱盲目自然力的支配，成为自然界的主人；

（2）人类从旧的社会关系束缚下解放出来，摆脱一切剥削压迫和旧式分工的束缚，成为社会关系的主人；

（3）人类从剥削阶级的思想观念下解放出来，摆脱传统观念和传统思维的束缚，成为社会意识的主人。

☆ 共产主义是社会历史发展的必然趋势(P258~263)

· 实现共产主义是一个不断实践的过程的原因。
  (1) 共产主义作为一个新生事物的成长道路,必然要在实践中经历长期的探索过程;
  (2) 社会主义的充分发展和向共产主义的过渡要经历长期的实践过程;
  (3) 经济落后国家实现共产主义需经历更长的实践过程;
  (4) 共产主义在世界范围的实现是长期、曲折、复杂的历史过程。

☆ 在建设中国特色社会主义的进程中为实现共产主义而奋斗(P264~266)

· 共产主义远大理想与中国特色社会主义共同理想的关系。
  (1) 两者相辅相成,相互促进,有机联系和统一。
  (2) 远大理想是现阶段共同理想的奋斗目标。在为实现我国现阶段的共同理想而奋斗的过程中,必须坚持共产主义发展方向,以实现共产主义远大理想为目标。
  (3) 现阶段的共同理想是远大理想的坚实基础。中国特色社会主义共同理想在我国的成功实践,必然为实现共产主义远大理想奠定坚实的基础。

名词解释

· 马克思主义——由马克思、恩格斯创立的,为他们的后继者所发展的,以反对资本主义、建设社会主义和共产主义为目标的科学的理论体系,或者简要地说,它是关于工人阶级和人类解放的科学。
· 理想——人们关于未来的、有实现可能性的向往和追求,是人们的世界观和政治立场在奋斗目标上的集中反映。
· 生活理想——人们对未来的衣、食、住、行、爱情、婚姻、家庭等具体目标的向往和追求。
· 职业理想——人们对未来工作类别的选择,以及对从事某项工作后达到何种绩效的向往和追求。
· 世界观——人们对包括自然、社会和人类思维在内的整个世界的根本看法和根本观点。
· 相对静止——标志物质运动在一定条件下、一定范围内处于暂时稳定和平衡状态的哲学范畴。
· 持续性——任何一个事物的运动都要经历一个或长或短的过程。
· 顺序性——事物的运动过程中不同阶段的出现有一个先后顺序关系。
· 联系的客观性——指事物之间的相互联系是事物本身固有的,是不以人的主观意志为转移的。
· 联系的普遍性——世界上任何事物都不能孤立地存在,都与周围的其他事物处于相互联系之中;每一事物内部各个要素也不能孤立地存在,都是与其他要素相互联系的;整个世界不是各种孤立的事物的机械堆积,而是由无数相互联系的事物构成的统一整体。
· 发展——事物一种特殊的运动变化,是上升性、前进性的运动变化,即事物由低级到高级、由简单到复杂的不断更替的运动变化过程。
· 对立统一规律——亦称矛盾规律,其基本内容是:任何事物都包含着矛盾,矛盾双方既统一又斗争，由此推动事物运动变化发展。

· 矛盾的普遍性——矛盾存在于一切事物的发展过程中，存在于一切事物发展过程的始终。

· 量——事物存在和发展的规模、程度、速度等可以用数量表示的规定性，以及事物构成成分在空间上的排列组合。

· 度——事物保持自己质的数量限度(或范围、幅度)，它体现着质和量的统一。

· 量变——事物数量的增减和场所的变更，以及事物构成成分在空间上排列组合的变化。

· 质变——事物根本性质的变化，是事物由一种质态向另一种质态的飞跃。

· 肯定方面——事物中维持其存在的方面，即肯定这一事物是它自身而不是他物的方面。

· 否定方面——事物中促使其灭亡的方面，即破坏现存事物使它转化为他物的方面。

· 必然性——事物联系和发展过程中确定不移的、不可避免的趋势。

· 偶然性——事物联系和发展过程中不确定的趋势。

· 现实性——包含内在根据的、合乎必然性的存在，是客观事物和现象种种联系的综合。

· 可能性——包含在现实事物之中的、预示着事物发展前途的种种趋势，是潜在的尚未实现的东西。

· 内容——构成事物一切要素的总和，即事物的各种内在矛盾以及由这些矛盾所决定的事物的特性、成分、运动过程和发展的趋势等等的总和。

· 形式——把内容诸要素统一起来的结构或表现内容的方式。

· 规律的客观性——规律是运动着的事物本身所固有的，是不以任何人的意志为转移的。

· 规律的普遍性——规律不是只在个别的、特殊的事物和现象里起作用，而是在较大的范围和领域起作用。

· 认识主体——认识和实践活动的承担者，是处于一定社会关系中从事实践活动和认识活动的现实的、具体的人。

· 感性认识——认识的初级阶段，它是对事物各个片面、现象和外部联系的反映，是具体的、丰富的、生动的；然而，它是表面的、个别的、不深刻的。

· 知觉——比感觉高一级的反映形式，它是感觉的综合，是把各种感觉集中在一起并把他们组合起来，形成对对象各个方面外部特性的整体的认识。

· 表象——事物感性形象在大脑中的再现，即曾经作用于人的感觉器官而引起感觉的事物在离开人的感官以后，它的感性形象在人的大脑中重新浮现。

· 理性认识——认识的高级阶段，它是对事物的全体、本质和内部联系的反映，是抽象的、间接的、相对稳定的；理性认识是深刻的，它反映的是事物的全体和本质。

· 社会存在——社会物质生活条件的总和，包括地理环境、人口因素和物质生活资料的生产方式。

· 社会意识——指社会的精神生活过程，它具有复杂而精微的结构，由诸多因素和层次构成。

· 社会心理——社会意识的低级层次，它是特定阶级、民族、社会集团或个人，在日常生活和交往中自发形成的、不定型、不系统的社会意识，表现在人们的情感、情绪、愿望、要求、风俗、习惯、传统、自发倾向和社会风气等等之中。

· 思想体系——社会意识的高级层次，亦称社会意识形式，它以相对稳定的形式反映社会存在，具有抽象化、系统化的特性。

- 个体意识——即社会成员的个人意识，其内容主要有社会成员个人的自我意识和个人对其生活于其中的社会环境和自然环境的反映的对象意识。
- 群体意识——各种社会群体的意识，其内容是群体的自我意识和群体对其所处社会关系的反映的对象意识。
- 社会意识的相对独立性——社会意识在反映社会存在、被社会存在所决定的同时，还具有自身的能动性和独特的发展规律，它的发展与社会存在的发展并不总是保持着一致和平衡。
- 生产力——人类利用自然、改造自然、从自然界获取物质资料的能力，生产力范畴反映的是人与自然界的关系。
- 经济基础——一个社会中占统治地位的生产关系各个方面的总和，即生产资料所有制形式、各种不同的社会集团在生产中的地位及其相互关系、产品分配方式三个方面的总和。
- 上层建筑——与经济基础相对应的范畴，指社会的政治、法律、艺术、道德、宗教、哲学等意识形态以及与这些意识形态相适应的政治法律制度和设施的总和，分为政治上层建筑和观念上层建筑两部分。
- 政治上层建筑——亦称实体性上层建筑，指政治法律制度以及军队、警察、法院、监狱、政府机关等设施，以及与之相适应的一套组织。
- 观念上层建筑——又称思想上层建筑，包括政治、法律、艺术、道德、宗教、哲学等各种服务于统治阶级的意识形态。
- 社会形态发展的统一性——处于同一社会形态的不同国家和民族的历史发展具有的共同性、普遍性，即具有大致相同的生产力发展水平，大致相同的生产关系体系，大致相同的上层建筑。
- 社会形态发展的多样性——不同国家和民族的历史发展具有不同的特点，在经济、政治、文化发展上都有自己民族的特色，各国的历史可以说是千差万别的。
- 社会改革——在一定社会制度下，为了解决生产关系不适合生产力、上层建筑不适合经济基础的某些部分或环节，使该社会制度得到持续存在与发展或自我完善，而对社会体制进行的改善与革新。
- 社会改革的普遍性——社会改革不仅仅存在于社会主义社会中，而且存在于有史以来的各种社会制度中。
- 社会改革的特殊性——不同时期、不同国家的改革具有自己的特点，特别是指社会主义社会的改革与阶级社会的改革相比较，具有根本不同的性质和特点。
- 劳动生产率——劳动者的生产效率或能力，通常由单位劳动时间内生产的产品数量或生产单位产品所耗费的劳动时间来表示。
- 商品经济——以商品生产和商品交换为内容，直接以交换为目的而进行生产的经济形式就是商品经济。
- 劳动过程——人们通过有目的的活动，运用劳动资料对劳动对象进行加工，创造具有特定使用价值的产品的过程。
- 绝对剩余价值——在雇佣工人的必要劳动时间不变的条件下，由于工作日的绝对延长而生产的剩余价值，叫做绝对剩余价值。

- 相对剩余价值——在工作日长度不变的条件下，由于缩短必要劳动时间，相应延长剩余劳动时间而生产的剩余价值，叫做相对剩余价值。
- 资本主义扩大再生产——资本家把生产出来的剩余价值，并不全部用于自己的个人消费，而是把其中一部分剩余价值转化为资本，用来购买追加的生产资料和劳动力，使生产在扩大的规模上重复进行。
- 固定资本——产业资本家用于机器、工具、厂房、设备等劳动资料上的那部分生产资本。
- 流动资本——产业资本家用于原料、材料、辅助材料等劳动对象和用于劳动力的那部分生产资本。
- 社会总产品——社会各个物质生产部门在一定时期(通常是以年为单位)内所生产的全部物质资料的总和。
- 垄断——一个或几个大型企业占有一个经济部门的全部或绝大部分的生产或流通份额，并因此达成协议，垄断该部门的生产或流通，控制相关商品的价格，从而获取高额垄断利润的情况，垄断也可称作独占。
- 垄断组织——若干资本主义大企业，联合起来操纵和控制某一部门或几个部门绝大多数产品生产和销售及原料市场，以保证获得高额垄断利润的组织。
- 垄断利润——即垄断资本凭借其在生产和流通中的垄断地位所获得的大大超过平均利润的高额利润。
- 经济全球化——在生产不断发展、科技加速进步、社会分工和国际分工不断深化、生产的社会化和国际化程度不断提高的情况下，世界各国、各地区的经济活动越来越超出一国和地区的范围而相互联系、相互依赖的过程。
- 政党——代表一定阶级、阶层或社会集团的利益和意志，有自己的纲领、路线、方针、策略，为参与或掌握政权而斗争的政治组织。
- 国家——阶级矛盾不可调和的产物，是一个阶级压迫另一个阶级的统治工具。
- 人生观——人们对于人生目的和意义的根本看法和态度，它是在一定历史条件下的社会关系的产物。
- 劳动熟练程度——人们的劳动经验和技术精湛的程度。
- 劳动强度——人们在单位劳动时间内劳动消耗的程度。
- 商品的社会价值——由社会必要劳动时间所决定的商品价值量，叫做商品的社会价值。
- 商品的个别价值——由各个商品生产者的个别劳动时间所形成的价值量，是商品的个别价值。
- 简单劳动——不需要经过专门训练和培养，一般劳动者都能从事的劳动。
- 复杂劳动——需要经过专门训练和培养，具有一定文化知识和技术专长的劳动者所从事的劳动。
- 私人劳动——就是指商品生产者的劳动是按照自己私人的意愿和利益所进行的，具有私人性质。
- 劳动过程——人们通过有目的的活动，运用劳动资料对劳动对象进行加工，创造具有特定使用价值的产品的过程。
- 不变资本——以生产资料形式存在的资本，在生产过程中不发生价值量的变化，叫做不变资本(c)。

- 可变资本——以劳动力形式存在的这部分资本的价值，在生产过程中发生了量的变化，实现了价值增值，叫做可变资本(v)。
- 君主立宪制——以君主(或国王、皇帝、天皇等)为国家的世袭元首，其所掌握的国家最高权力受国家宪法所制约的政权组织形式。
- 民主共和制——由选举所产生的政权机构和国家元首掌握权力，并有一定任期的政权组织形式。
- 金融资本——它是由垄断的工业资本和银行资本，通过金融联系、资本参与和人事参与，融合或混合生长构成的一种新的资本形式，是垄断资本主义国家中社会经济生活各个方面实际上的统治者。
- 垄断价格——是垄断组织在销售或购买商品时，凭借其垄断地位规定的、旨在保证获取最大限度利润的市场价格。
- 垄断高价——垄断资本在出售自己产品时规定的超过商品价值和生产价格的垄断价格。

题型练习

第二部分

一、单项选择题（在每小题列出的四个备选答案中只有一个是符合题目要求的，请将其选出填在题后的括号内）

1. 马克思主义是一个严密而完整的体系，它产生于 【　　】
A. 19世纪50年代中期　　　　　　　　B. 19世纪40年代中期
C. 20世纪50年代中期　　　　　　　　D. 20世纪40年代中期

2. 英国古典政治经济学的创始人是 【　　】
A. 威廉·配第　　　　　　　　　　　B. 亚当·斯密
C. 大卫·李嘉图　　　　　　　　　　D. 马克思

3. 17世纪的法国哲学家二元论的著名代表是 【　　】
A. 康德　　　　B. 黑格尔　　　　C. 笛卡儿　　　　D. 柏拉图

4. 以下不是主观主义观点的是 【　　】
A. 贝克莱的"存在就是被感知"　　　　B. 陆九渊的"宇宙便是吾心，吾心即是宇宙"
C. 王守仁的"天地万物皆在吾心中"　　D. 朱熹的"理"乃"天地万物之根"

5. 以下不是唯物主义哲学基本形态的是 【　　】
A. 中古的基督教神学　　　　　　　　B. 古代的朴素唯物主义
C. 近代的形而上学唯物主义　　　　　D. 现代的历史唯物主义

6. 形而上学唯物主义的局限性不包括 【　　】
A. 机械性　　　　B. 辩证性　　　　C. 直观性　　　　D. 不彻底性

7. 物质的根本属性是 【　　】
A. 存在　　　　B. 客观　　　　C. 静止　　　　D. 运动

8. 空间的特点是 【　　】
A. 广延性　　　　B. 伸张性　　　　C. 三维性　　　　D. 有限性

9. 实践主体划分的形式不包括 【　　】
A. 个人主体　　　　B. 集团主体　　　　C. 社会主体　　　　D. 类主体

10. 实践客体具有的特性不包括 【　　】
A. 主体性　　　　B. 客观性　　　　C. 对象性　　　　D. 社会历史性

11. 实践具有的基本特点不包括 【　　】
A. 客观性　　　　B. 自觉能动性　　　　C. 社会历史性　　　　D. 纯粹主观性

12. 在认识复杂事物的发展过程时，既要看到主要矛盾，又不忽略次要矛盾；在认识某一矛盾时，既要看到矛盾的主要方面，又不忽略矛盾的次要方面。这样是坚持 【　　】
A. 一点论　　　　B. 两点论　　　　C. 重点论　　　　D. 均衡论

13. 在认识复杂事物的发展过程时，要着重地抓住主要矛盾；在研究某一矛盾时，要着重地把握矛盾的主要方面。这样是坚持 【　　】
A. 一点论　　　　B. 两点论　　　　C. 重点论　　　　D. 均衡论

14. 人是唯一能担当起认识主体的存在物，这个存在物具有自身的结构，它分为的层次不包括 【　　】
A. 个体　　　　B. 集体　　　　C. 群体　　　　D. 人类整体

15. 作为认识主体的群体，不具有 【　　】
A. 灵活性　　　　B. 主动性　　　　C. 积极性　　　　D. 创造性

16. 人类整体是最高层次的认识主体，它不包括　　　　　　　　　　　　　【　　】

A. 历史的人　　　　　B. 现在的人　　　　　C. 未来的人　　　　　D. 理想的人

17. 构成认识客体的不包括　　　　　　　　　　　　　　　　　　　　　　【　　】

A. 自然客观　　　　　B. 社会客体　　　　　C. 物质客体　　　　　D. 精神客体

18. 哲学上不可知论的典型代表人物包括休谟和　　　　　　　　　　　　　【　　】

A. 康德　　　　　　　B. 马克思　　　　　　C. 恩格斯　　　　　　D. 黑格尔

19. 感性认识的形式不包括　　　　　　　　　　　　　　　　　　　　　　【　　】

A. 感觉　　　　　　　B. 知觉　　　　　　　C. 嗅觉　　　　　　　D. 表象

20. 理性认识的形式不包括　　　　　　　　　　　　　　　　　　　　　　【　　】

A. 概念　　　　　　　B. 逻辑　　　　　　　C. 判断　　　　　　　D. 推理

21. 真理具有的属性不包括　　　　　　　　　　　　　　　　　　　　　　【　　】

A. 客观性　　　　　　B. 绝对性　　　　　　C. 主观性　　　　　　D. 相对性

22. 属于意识形态范围的思想体系不包括　　　　　　　　　　　　　　　　【　　】

A. 政治思想　　　　　B. 艺术　　　　　　　C. 宗教　　　　　　　D. 语言学

23. 属于非意识形态范围的思想体系，不包括　　　　　　　　　　　　　　【　　】

A. 自然科学　　　　　B. 语言学　　　　　　C. 逻辑学　　　　　　D. 哲学

24. 人类历史的技术社会形态序列不包括　　　　　　　　　　　　　　　　【　　】

A. 渔猎社会　　　　　B. 农业社会　　　　　C. 工业社会　　　　　D. 网络社会

25. 阶级斗争的基本形式不包括　　　　　　　　　　　　　　　　　　　　【　　】

A. 经济斗争　　　　　B. 政治斗争　　　　　C. 革命斗争　　　　　D. 思想斗争

26. 中国共产党是我国社会主义建设和改革开放的　　　　　　　　　　　　【　　】

A. 路线　　　　　　　B. 方针　　　　　　　C. 政策　　　　　　　D. 领导核心

27. 我国的立国之本是　　　　　　　　　　　　　　　　　　　　　　　　【　　】

A. 四项基本原则　　　B. 改革开放　　　　　C. 党的领导　　　　　D. 人民群众的努力

28. 我国的强国之路是　　　　　　　　　　　　　　　　　　　　　　　　【　　】

A. 四项基本原则　　　B. 改革开放　　　　　C. 党的领导　　　　　D. 人民群众的努力

29. 我国社会主义现代化建设的三个重要支点不包括　　　　　　　　　　　【　　】

A. 改革　　　　　　　B. 开放　　　　　　　C. 发展　　　　　　　D. 稳定

30. 历史的创造者是　　　　　　　　　　　　　　　　　　　　　　　　　【　　】

A. 英雄豪杰　　　　　B. 帝王将相　　　　　C. 人民群众　　　　　D. 思想家

31. 我国现阶段人民群众不包括　　　　　　　　　　　　　　　　　　　　【　　】

A. 工人　　　　　　　B. 农民　　　　　　　C. 爱国者　　　　　　D. 外国人

32. 群众观点是马克思主义政党的　　　　　　　　　　　　　　　　　　　【　　】

A. 基本观点　　　　　B. 根本观点　　　　　C. 重要观点　　　　　D. 唯一观点

33. 群众路线的基本出发点和最终归宿是　　　　　　　　　　　　　　　　【　　】

A. 一切为了群众　　　　　　　　　　　B. 一切依靠群众

C. 从群众中来，到群众中去　　　　　　D. 密切联系群众

34. 群众路线的根本要求是　　　　　　　　　　　　　　　　　　　　　　【　　】

A. 一切为了群众　　　　　　　　　　　B. 一切依靠群众

C. 从群众中来，到群众中去　　　　　　　　D. 密切联系群众

35. 群众路线的基本工作方法是　　　　　　　　　　　　　　　　　　　　　【　　】

A. 一切为了群众　　　　　　　　　　　　B. 一切依靠群众

C. 从群众中来，到群众中去　　　　　　　　D. 密切联系群众

36. 作为商品而生产的有用产品是为了　　　　　　　　　　　　　　　　　　　【　　】

A. 储存　　　　　　　B. 消费　　　　　　　C. 使用　　　　　　　D. 市场交换

37. 商品的最本质因素是　　　　　　　　　　　　　　　　　　　　　　　　　【　　】

A. 价值　　　　　　　B. 使用价值　　　　　C. 可交换性　　　　　D. 可消费性

38. 货币的职能不包括　　　　　　　　　　　　　　　　　　　　　　　　　　【　　】

A. 价值尺度　　　　　B. 交换功能　　　　　C. 支付手段　　　　　D. 世界货币

39. 以下代表剩余价值量的是　　　　　　　　　　　　　　　　　　　　　　　【　　】

A. c　　　　　　　　　B. v　　　　　　　　　C. m　　　　　　　　D. M

40. 产业资本采取的职能形式不包括　　　　　　　　　　　　　　　　　　　　【　　】

A. 运输资本　　　　　B. 货币资本　　　　　C. 生产资本　　　　　D. 商品资本

41. 以下不属于固定资本的是　　　　　　　　　　　　　　　　　　　　　　　【　　】

A. 机器　　　　　　　B. 工具　　　　　　　C. 原料　　　　　　　D. 设备

42. 以下不属于流动资本的是　　　　　　　　　　　　　　　　　　　　　　　【　　】

A. 厂房　　　　　　　B. 材料　　　　　　　C. 原料　　　　　　　D. 辅助材料

43. 资本主义国家的"三权分立"不包括　　　　　　　　　　　　　　　　　　　【　　】

A. 立法权　　　　　　B. 行政权　　　　　　C. 执法权　　　　　　D. 司法权

44. 垄断利润的实现主要是通过垄断组织制定的　　　　　　　　　　　　　　　【　　】

A. 正常价格　　　　　B. 垄断价格　　　　　C. 垄断高价　　　　　D. 垄断低价

45. 发达市场经济国家在调控货币量方面运用的三大手段不包括　　　　　　　　【　　】

A. 公开市场业务　　　　　　　　　　　　　B. 最低准备金率政策

C. 再贴现利率政策　　　　　　　　　　　　D. 利息政策

46. 经济全球化的主要内容不包括　　　　　　　　　　　　　　　　　　　　　【　　】

A. 生产的全球化　　　B. 贸易的全球化　　　C. 交流的全球化　　　D. 资本的全球化

47. 19 世纪初期欧洲的三大空想社会主义者不包括　　　　　　　　　　　　　　【　　】

A. 圣西门　　　　　　B. 马布利　　　　　　C. 傅立叶　　　　　　D. 欧文

48. 无产阶级专政的最终目标不包括　　　　　　　　　　　　　　　　　　　　【　　】

A. 消灭剥削　　　　　B. 消灭阶级　　　　　C. 进入大同社会　　　D. 进入无阶级社会

49. 社会主义社会是走向共产主义社会的　　　　　　　　　　　　　　　　　　【　　】

A. 必经阶段　　　　　B. 基础阶段　　　　　C. 初级阶段　　　　　D. 可能阶段

50. 马克思所展望的共产主义社会的基本特征不包括　　　　　　　　　　　　　【　　】

A. 按需分配　　　　　　　　　　　　　　　B. 商品经济消失

C. 国家自行灭亡　　　　　　　　　　　　　D. 先进人士自由全面发展

51. 唯物辩证法的总特征是　　　　　　　　　　　　　　　　　　　　　　　　【　　】

A. 联系和发展的观点　　　　　　　　　　　B. 量变和质变的观点

C. 对立统一的观点　　　　　　　　　　　　D. 辩证否定的观点

52. 建设社会主义先进文化,对传统文化必须批判地继承。这种态度依据的哲学道理是 【　　】

A. 世界是过程集合体的原理　　　　　　　B. 新事物必然战胜旧事物的原理

C. 内容决定形式的原理　　　　　　　　　D. 辨证的否定的原理

53. 在社会发展中起决定作用的是 【　　】

A. 人和自然的矛盾　　　　　　　　　　　B. 剥削阶级和被剥削阶级的矛盾

C. 先进思想和落后思想的矛盾　　　　　　D. 生产力和生产关系的矛盾

54. 私人劳动和社会劳动形成的条件是 【　　】

A. 技术进步和生产资料公有制　　　　　　B. 技术进步和生产资料私有制

C. 社会分工和生产资料公有制　　　　　　D. 社会分工和生产资料私有制

55. 资本主义再生产的特征是 【　　】

A. 简单再生产　　　　B. 扩大再生产　　　　C. 粗放型再生产　　　　D. 集约型再生产

56. 资本周转速度与周转次数之间 【　　】

A. 成正比例关系　　　　　　　　　　　　B. 成反比例关系

C. 按同比例变化　　　　　　　　　　　　D. 无直接联系

57. 资本主义企业的生产成本是 【　　】

A. 不变资本价值与剩余价值之和　　　　　B. 可变资本价值与剩余价值之和

C. 流动资本与剩余价值之和　　　　　　　D. 不变资本价值和可变资本价值之和

58. 经济全球化在本质上是 【　　】

A. 产业资本的国际化　　　　　　　　　　B. 资源配置的国际化

C. 商业资本的国际化　　　　　　　　　　D. 借贷资本的国际化

59. 下列选项中体现社会主义的本质属性和要求的是 【　　】

A. 促进人的全面发展和社会和谐　　　　　B. 实行计划经济

C. 建立完全的公有制经济　　　　　　　　D. 实行产品经济

60. 社会主义与资本主义的根本区别在于 【　　】

A. 生产力发展水平不同　　　　　　　　　B. 所有制基础不同

C. 人们的生活方式不同　　　　　　　　　D. 人们的精神境界不同

61. 当代国际垄断组织保证其垄断统治和垄断利益的最主要形式是 【　　】

A. 卡特尔和托拉斯　　　　　　　　　　　B. 辛迪加和托拉斯

C. 跨国公司和国际垄断同盟　　　　　　　D. 跨国公司和托拉斯

62. 社会主义民主的本质是 【　　】

A. 人民当家作主　　　　　　　　　　　　B. 解放和发展生产力

C. 消灭剥削和压迫　　　　　　　　　　　D. 促进人的自由全面发展

63. 马克思主义认为,世界的真正统一性在于它的 【　　】

A. 广延性　　　　　B. 存在性　　　　　C. 物质性　　　　　D. 可知性

64. 唯物辩证法有两个总特征,一个是普遍联系的观点,另一个是 【　　】

A. 质量互变的观点　　　　　　　　　　　B. 永恒发展的观点

C. 对立统一的观点　　　　　　　　　　　D. 辩证否定的观点

65. 直接经验和间接经验的关系是 【　　】

A. 认识中内容和形式的关系   B. 认识中"源"和"流"的关系

C. 感性认识和理性认识的关系   D. 实践和理论的关系

66. 16 世纪末,伽利略通过在比萨斜塔所做的自由落体实验,推翻了亚里士多德关于物体的降落速度与物体的重量成正比的说法。这件事说明 【　　】

A. 真理是对事物及其规律的正确反映   B. 真理是由相对真理走向绝对真理的过程

C. 实践是认识发展的动力   D. 实践是检验认识是否正确的唯一标准

67. 生产力范畴反映的是 【　　】

A. 人与人之间的经济关系   B. 人与人之间的政治关系

C. 人与自然之间的关系   D. 人与人之间的思想关系

68. 资本主义政治制度的核心是 【　　】

A. 政党制度   B. 三权分立制度

C. 国家制度   D. 选举制度

69. 产业资本循环中生产剩余价值的阶段是 【　　】

A. 购买阶段   B. 生产阶段   C. 销售阶段   D. 流通阶段

70. 商业资本所获得的利润相当于 【　　】

A. 平均利润   B. 超额利润   C. 垄断利润   D. 企业利润

71. 垄断资本主义国家事实上的主宰者是 【　　】

A. 产业资本家   B. 商业资本家

C. 大土地所有者   D. 金融寡头

72. 社会主义的根本任务是 【　　】

A. 解放和发展生产力   B. 巩固无产阶级专政

C. 坚持和改善党的领导   D. 发展社会主义民主法制

73. 先有工程设计图,然后按工程设计图施工,建成大厦。这一事实说明 【　　】

A. 意识在先,物质在后   B. 意识对物质有能动作用

C. 意识对物质有决定作用   D. 物质对意识有决定作用

74. 能够划分为固定资本和流动资本形态的是 【　　】

A. 流通资本   B. 商品资本

C. 货币资本   D. 生产资本

75. 第二次世界大战后,新发展起来的国际垄断组织是 【　　】

A. 跨国公司   B. 国际卡特尔   C. 国际辛迪加   D. 国际托拉斯

76. 马克思主义政党的产生有两个条件,一是工人运动的发展,二是 【　　】

A. 社会贫富分化严重   B. 科学社会主义理论的传播

C. 政治腐败蔓延   D 杰出人物的产生

77. 历史观的基本问题是 【　　】

A. 生产力与生产关系的关系问题   B. 经济基础与上层建筑的关系问题

C. 社会存在与社会意识的关系问题   D. 社会生产与社会消费的关系问题

78. 阶级产生的根本前提是 【　　】

A. 用暴力掠夺他人财产   B. 用特权侵吞公共财产

C. 由于生产力发展而出现剩余产品   D. 由于产品分配不公而出现两极分化

79. 资本的周转时间是指 【   】

A. 生产时间和销售时间　　　　　　　　B. 生产时间和流通时间

C. 劳动时间和非劳动时间　　　　　　　D. 购买时间和销售时间

80. 股票价格是股息收入的资本化,这表明 【   】

A. 股票价格等于股票票面额

B. 股票这种商品是有价值的

C. 股票价格的变动唯一取决于股息收入

D. 股票价格与股息成正比变化,与存款利息率成反比变化

二、多项选择题(在每小题列出的四个备选项中至少有两个是符合题目要求的,请将其选出填在题后的括号内)

81. 唯物辩证法的基本规律有 【   】

A. 本质决定现象的规律　　　　　　　　B. 质量互变规律

C. 对立统一规律　　　　　　　　　　　D. 否定之否定规律

82. 党的十七大报告指出:"在当代中国,坚持中国特色社会主义理论体系,就是真正坚持马克思主义。"这说明,中国特色社会主义理论是 【   】

A. 马克思主义中国化的最新成果

B. 马克思主义中国化的唯一成果

C. 当代中国的马克思主义

D. 具有中国特点、中国风格和中国气派的马克思主义

83. 中国特色社会主义理论体系包括 【   】

A. 马克思列宁主义　　　　　　　　　　B. 毛泽东思想

C. 邓小平理论　　　　　　　　　　　　D. "三个代表"重要思想和科学发展观

84. 德国古典哲学是马克思主义的直接理论来源之一,其代表人物有 【   】

A. 李嘉图　　　B. 黑格尔　　　C. 费尔巴哈　　　D. 圣西门

85. 下列选项中,属于马克思主义理论体系基本组成部分的有 【   】

A. 民主社会主义　　　　　　　　　　　B. 科学社会主义

C. 马克思主义哲学　　　　　　　　　　D. 马克思主义政治经济学

86. 19 世纪初期欧洲空想社会主义的代表人物有 【   】

A. 法国的圣西门　　　　　　　　　　　B. 法国的傅立叶

C. 英国的欧文　　　　　　　　　　　　D. 德国的黑格尔

87. 下列科学发现中,对马克思主义哲学的形成产生巨大影响的有 【   】

A. 细胞学说　　　　　　　　　　　　　B. 狭义相对论

C. 生物进化论　　　　　　　　　　　　D. 能量守恒和转化定律

88. 下列选项中属于唯物主义基本形态的有 【   】

A. 朴素唯物主义　　　　　　　　　　　B. 庸俗唯物主义

C. 形而上学唯物主义　　　　　　　　　D. 辩证唯物主义和历史唯物主义

89. 下列选项中,包含矛盾双方相互依存,相互转化的辩证法思想的有 【   】

A. 祸兮福所倚,福兮祸所伏　　　　　　B. 千里之堤,溃于蚁穴

C. 乐极生悲,苦尽甘来　　　　　　　　D. 物极必反,相反相成

90. 下列表述中,体现重视矛盾特殊性的有 【   】

A. 对症下药,量体裁衣   B. 欲擒故纵,声东击西

C. 因时制宜,因地制宜   D. 因材施教,因人而异

91. 下列各项属于哲学基本问题内容的有 【   】

A. 物质和意识谁是第一性的问题   B. 物质世界是否运动发展的问题

C. 物质世界是否普遍联系的问题   D. 物质世界可不可以认识的问题

92. 下列选项中,属于主观唯心主义观点的有 【   】

A. 存在就是被感知   B. 物是感觉的集合

C. 天地万物皆在我心中   D. "理"是天地万物之根

93. 下列选项中,说明要坚持适度原则的有 【   】

A. 因地制宜   B. 掌握火候   C. 注意分寸   D. 适可而止

94. 实践是认识发展的动力,主要表现在 【   】

A. 实践不断提出新的认识课题   B. 实践不断为认识发展提供经验材料

C. 实践不断为人们提供新的认识工具   D. 实践不断提高人们的认识能力

95. 经济基础对上层建筑的决定作用表现为,经济基础决定上层建筑的 【   】

A. 产生   B. 性质   C. 具体特点   D. 变化发展

96. 在关于真理标准的问题上,下列说法中属于唯心主义观点的有 【   】

A. 符合圣人之言的就是真理   B. 公说公有理,婆说婆有理

C. 多数人认为正确的就是真理   D. 对我有用的认识就是真理

97. 下列各项属于因果联系的有 【   】

A. 摩擦生热,热胀冷缩   B. 冬去春来,夏尽秋至

C. 电闪雷鸣,风来雨至   D. 勤学出智慧,实践长才干

98. 下列选项中,表述量变是质变的基础的有 【   】

A. 不积细流,无以成江海   B. 不积跬步,无以至千里

C. 不入虎穴,焉得虎子   D. 千里之堤,溃于蚁穴

99. 下列选项中,体现量变的积累引起质变这一哲学道理的有 【   】

A. 长堤溃蚁穴,君子慎其微   B. 天下无难事,只怕有心人

C. 绳锯木断,水滴石穿   D. 不积小流,无以成江海

100. 真理具有客观性,是指 【   】

A. 真理是不依赖于意识的客观实在   B. 真理是不以人的意志为转移的客观规律

C. 真理中包含着不依赖于人类的客观内容   D. 真理的检验标准是客观的社会实践

101. 社会生活在本质上是实践的,这是因为 【   】

A. 劳动实践是人类和人类社会产生的决定性环节

B. 物质生产实践是人类社会得以存在的基础

C. 实践活动是推动社会发展的动力

D. 人类的一切活动都属于实践活动

102. 下列各项正确表述意识本质的有 【   】

A. 意识是人的主观精神的产物   B. 意识是人脑的机能

C. 意识是客观世界的主观映像   D. 意识是社会的产物

103. 从起源上说,意识是 【   】

A. 感性认识的产物 B. 理性认识的产物

C. 社会性劳动的产物 D. 从劳动中产生的语言发展的产物

104. 割裂感性认识和理性认识的辩证统一,会导致 【   】

A. 唯理论的错误 B. 庸俗进化论的错误

C. 经验论的错误 D. 循环论的错误

105. 下列各项属于感性认识形式的有 【   】

A. 概念 B. 感觉

C. 知觉 D. 表象

106. 关于社会历史发展的动力问题,下列说法正确的有 【   】

A. 社会基本矛盾是社会发展的基本动力 B. 阶级斗争是阶级社会发展的直接动力

C. 革命是历史的火车头 D. 改革对社会发展起推动作用

107. 社会基本矛盾是社会发展的基本动力,表现在 【   】

A. 它决定着其他各种社会矛盾

B. 它决定着社会生活的一切方面

C. 它决定着社会发展的必然阶段和客观趋势

D. 它决定着社会形态由低级到高级的演进

108. 下列各对矛盾属于社会基本矛盾的有 【   】

A. 人和自然界之间的矛盾 B. 生产力和生产关系之间的矛盾

C. 个人和社会之间的矛盾 D. 经济基础和上层建筑之间的矛盾

109. 下列各项属于党的思想路线内容的有 【   】

A. 一切从实际出发 B. 理论联系实际

C. 实事求是 D. 在实践中检验和发展真理

110. 人民群众推动历史发展的作用主要表现为 【   】

A. 人民群众是物质财富的创造者 B. 人民群众是精神财富的创造者

C. 人民群众是实现社会变革的决定力量 D. 人民群众可以随心所欲地创造历史

111. 人民群众在社会历史上的作用表现为 【   】

A. 实现社会变革 B. 创造物质财富

C. 创造精神财富 D. 摆脱一切制约

112. 人的本质在其现实性上是一切社会关系的总和,这表明 【   】

A. 人的本质是发展变化的 B. 人的本质是现实具体的

C. 人的本质是后天形成的 D. 人的本质是人人相同的

113. 下列各项属于马克思关于人的本质界定的有 【   】

A. 劳动是人的本质 B. 人的需要即人的本质

C. 人的本质是人的全部属性的总和 D. 人的本质是人的一切社会关系的总和

114. 在资本主义国家的"三权分立"制度中,"三权"包括 【   】

A. 立法权 B. 财政权 C. 监督权 D. 审判权

115. 生产商品的劳动二重性是指 【   】

A. 个别劳动 B. 社会劳动 C. 具体劳动 D. 抽象劳动

116. 资本处于生产过程的时间包括 【 】
A. 劳动时间   B. 自然力作用时间
C. 停工时间   D. 原材料储备时间

117. 下列各项正确表述生产价格与价值关系的有 【 】
A. 生产价格的形成要以价值为基础   B. 生产价格是价值的转化形式
C. 生产价格与价值在数量上经常不一致 D. 社会总生产价格与总价值相等

118. 决定社会必要劳动时间的主观条件包括 【 】
A. 社会平均生产条件   B. 社会平均劳动熟练程度
C. 社会平均劳动强度   D. 社会平均技术装备水平

119. 劳动力商品的价值包括 【 】
A. 维持劳动者自身生存所必需的生活资料的价值
B. 劳动者繁衍后代所必需的生活资料的价值
C. 劳动者接受教育和训练所支出的费用
D. 劳动者用于娱乐消费所支出的费用

120. 社会资本简单再生产的实现条件有 【 】
A. $I(v+m) = II c$ B. $I(c+v+m) = Ic + II c$
C. $II(c+v+m) = I(v+m) + II(v+m)$ D. $I(c+m) = II v$

121. 资本主义垄断阶段的竞争与自由竞争阶段的竞争相比,不同点有 【 】
A. 竞争的目的不同   B. 竞争的手段有了新变化
C. 竞争的激烈程度和后果不同   D. 竞争的范围不同

122. 国家垄断资本主义的基本形式有 【 】
A. 金融寡头   B. 国家直接掌握的垄断资本
C. 国家和私人资本在企业内部的结合 D. 国家和私人资本在企业外部的结合

123. 下列各项正确表述垄断与竞争关系的有 【 】
A. 垄断是在竞争的基础上产生的   B. 垄断消除了竞争
C. 垄断与竞争并存   D. 垄断使竞争更加激烈和复杂

124. 产业资本在循环运动中所采取的职能形态有 【 】
A. 货币资本   B. 生产资本   C. 商品资本   D. 借贷资本

125. 产业资本在其循环过程中经历的阶段有 【 】
A. 购买阶段   B. 生产阶段   C. 运输阶段   D. 销售阶段

126. 剩余价值生产的基本方法有 【 】
A. 绝对剩余价值的生产   B. 相对剩余价值的生产
C. 超额剩余价值的生产   D. 垄断剩余价值的生产

127. 在资本主义条件下,剩余价值的具体形式有 【 】
A. 产业利润   B. 商业利润   C. 利息   D. 地租

128. 影响利润率的因素有 【 】
A. 剩余价值率   B. 资本有机构成
C. 资本周转速度   D. 不变资本的节约

129. 当代资本主义国家对经济运行的调控,主要包括 【 】

A. 制定财政和货币政策　　　　　　　　B. 对经济实行政府干预
C. 加强对科技创新的扶持　　　　　　　D. 加强对新兴产业的扶持

130. 下列各项属于生产关系内容的有　　　　　　　　　　　【　　】
A. 生产资料的所有制形式　　　　　　　B. 人们在生产中的地位
C. 产品的分配方式　　　　　　　　　　D. 人们在生产中的相互关系

131. 货币的基本职能有　　　　　　　　　　　　　　　　　【　　】
A. 价值尺度　　　　B. 流通手段　　　　C. 支付手段　　　　D. 贮藏手段

132. 以机器设备形式存在的资本，属于　　　　　　　　　　【　　】
A. 不变资本　　　　B. 可变资本　　　　C. 固定资本　　　　D. 流动资本

133. 经济全球化主要包括　　　　　　　　　　　　　　　　【　　】
A. 生产全球化　　　B. 贸易全球化　　　C. 资本全球化　　　D. 劳务全球化

134. 资本主义级差地租的形成条件主要包括　　　　　　　　【　　】
A. 土地肥沃程度的差别　　　　　　　　B. 土地地理位置的差别
C. 土地的资本主义经营垄断　　　　　　D. 土地的资本主义私有制

135. 发达资本主义国家调控货币流通量的政策手段有　　　　【　　】
A. 税收政策　　　　　　　　　　　　　B. 公开市场业务
C. 再贴现利率政策　　　　　　　　　　D. 最低准备金率政策

136. 空想社会主义理论的合理性表现在　　　　　　　　　　【　　】
A. 它深刻揭露了资本主义的罪恶
B. 它认为资本主义必须要为一种更好的制度取代
C. 它揭示了资本主义必然灭亡的经济根源
D. 它认为无产阶级是埋葬资本主义的革命力量

137. 下列各项，符合马克思主义国家学说的有　　　　　　　【　　】
A. 国家是阶级矛盾不可调和的产物　　　B. 国家是一个阶级统治另一个阶级的工具
C. 国家在社会主义社会依然存在　　　　D. 国家在共产主义社会将自行消亡

138. 社会主义的基本特征表现为　　　　　　　　　　　　　【　　】
A. 解放和发展生产力　　　　　　　　　B. 建立和完善社会主义的生产资料公有制
C. 以马克思主义为指导　　　　　　　　D. 实行按劳分配的原则

139. 东欧剧变、苏联解体给我们提供的深刻教训有　　　　　【　　】
A. 必须坚持社会主义道路　　　　　　　B. 必须坚持共产党的领导
C. 必须坚持马克思主义的指导地位　　　D. 必须坚决抵制各种资本主义思想的侵袭

140. 下列论断属于马克思主义关于共产主义社会展望的有　　【　　】
A. 社会生产力高度发展，物质财富极大丰富
B. 阶级归于消灭，国家自行消亡
C. 实行社会公有制和按需分配
D. 人们的精神境界极大提高

141. 社会主义社会和共产主义社会共同具有的基本特征有　　【　　】
A. 以生产资料公有制为基础
B. 生产目的是为了满足人民日益增长的物质文化需要

C. 劳动人民成为社会的主人

D. 以集体主义为意识形态的核心

142. 下列各项属于共产主义社会基本特征的有　　　　　　　　　【　　】

A. 生产力高度发展和物质财富极大丰富　　B. 实行社会公有制和按劳分配

C. 人们精神境界极大提高　　　　　　　　D. 阶级消灭和国家自行消亡

143. 我国正处于并将长期处于社会主义初级阶段,原因是　　　　【　　】

A. 我国原来是一个半殖民地半封建社会

B. 我国生产社会化和经济商品化程度很低

C. 我国原来自然经济占相当大比重

D. 我国生产力发展水平远远落后于发达资本主义国家

144. 马克思主义政党的领导核心作用主要体现在　　　　　　　【　　】

A. 社会主义革命中　　　　　　　　B. 社会主义建设中

C. 改革开放事业中　　　　　　　　D. 自发的群众运动中

145. 实现共产主义是一个长期的历史过程,这是因为　　　　　【　　】

A. 实现共产主义需要在实践中长期探索

B. 社会主义向共产主义的过渡是一个长期过程

C. 经济落后国家实现共产主义需要更长的实践过程

D. 共产主义在全世界范围的实现是长期、曲折的过程

146. 社会主义发展道路多样性的原因有　　　　　　　　　　　【　　】

A. 各国生产力状况各不相同　　　　B. 各国历史传统各不相同

C. 各国工业化程度各不相同　　　　D. 各国文化习俗各不相同

147. 共产主义为人的自由全面发展创造的有利条件有　　　　　【　　】

A. 劳动成为解放人而非奴役人的手段

B. 劳动者成为生产资料的所有者

C. 人们可以根据自己的意愿和社会需要自由选择职业

D. 全民教育的普及使人们的潜能和爱好得到充分发挥

148. 无产阶级革命的广泛性、彻底性和深刻性在于　　　　　　【　　】

A. 它要消灭私有制,建立公有制

B. 它最终要彻底消灭一切阶级剥削和阶级统治

C. 它为绝大多数人谋利益

D. 它的最终目标是实现共产主义,使人得到全面发展

149. 资本主义社会为自身的灭亡创造了主客观条件,它们有　　【　　】

A. 社会化大生产　　　　　　　　B. 现代无产阶级

C. 市场经济　　　　　　　　　　D. 马克思主义理论

150. 社会主义民主是新型民主,因为　　　　　　　　　　　　【　　】

A. 社会主义民主是绝大多数人的民主

B. 社会主义民主的本质是人民当家作主

C. 社会主义民主首先是社会主义的国家制度

D. 社会主义民主是目的和手段的统一

三、简答题

151. 简述马克思主义的科学内涵。

152. 简述科学的人生理想对于人的现实活动具有重大的指导和推动作用。

153. 简述学习马克思主义的目的。

154. 简述哲学的基本问题包括的两个方面的内容。

155. 简述辩证唯物主义和历史唯物主义的基本思想。

156. 简述列宁的物质定义具有的意义。

157. 简述承认事物相对静止的存在具有的重要意义。

158. 简述实践是社会生活的本质。

159. 简述新事物必然战胜旧事物。

160. 简述唯物辩证法和形而上学两种根本对立的发展观之间对立的主要表现。

161. 简述对立统一规律是唯物辩证法的实质和核心，是宇宙的根本规律。

162. 简述矛盾的同一性。

163. 简述矛盾的同一性在事物发展中的作用的主要表现。

164. 简述矛盾的斗争性在事物发展中的作用的主要表现。

165. 简述内因和外因的关系。

166. 简述矛盾的特殊性的三种情况。

167. 简述矛盾的普遍性和特殊性的关系。

168. 简述主要矛盾和次要矛盾的关系。

169. 简述矛盾的主要方面和次要方面的关系。

170. 简述量变和质变是辩证统一的。

171. 简述唯物辩证法的否定观的主要内容。

172. 简述否定之否定规律的基本内容。

173. 简述必然性和偶然性辩证统一的表现。

174. 简述掌握必然性和偶然性辩证关系的原理具有的重要意义。

175. 简述掌握本质和现象的辩证关系的原理具有的重要意义。

176. 简述为何意识的本质包括的内容。

177. 简述意识的主观性。

178. 简述意识的客观性。

179. 简述意识的能动性的主要表现。

180. 简述实事求是是马克思主义哲学的精髓，是马克思主义中国化所形成的重大理论成果。

181. 简述认识主体的性质和特点。

182. 简述真理的价值的具体表现。

183. 党的思想路线与马克思主义哲学认识论是统一的，简述其具体表现。

184. 生产方式在社会发展中起决定作用，简述其主要表现。

185. 简述社会存在决定社会意识的主要表现。

186. 简述社会意识相对独立性的主要表现。

187. 简述现代生产力系统包括的要素。

188. 简述"科学技术是第一生产力"的含义。

189. 简述生产关系包括的内容。

190. 简述为何承认历史决定论和承认主体选择的作用是一致的、不矛盾的。

191. 简述社会形态发展的多样性的主要表现。

192. 简述社会革命在社会发展中的重大作用。

193. 简述社会革命与社会改革之间的区别。

194. 简述社会改革推动社会发展的作用的主要表现。

195. 简述马克思对人的本质的界定。

196. 简述人与社会是具体的、历史的统一的主要表现。

197. 简述人民群众推动历史发展的作用的主要表现。

198. 简述党的群众观点包括的内容。

199. 简述决定社会必要劳动时间的条件。

200. 简述贵金属能固定地充当货币的原因。

201. 简述货币最基本的职能。

202. 简述私人劳动与社会劳动矛盾的表现。

203. 商品价格经常与价值不一致，并不意味着违背了价值规律，更不表明价值规律失去作用，简述其原因。

204. 简述在以私有制为基础的商品经济中，价值规律对社会经济的发展的作用。

205. 简述劳动力成为商品必须具备的两个基本条件。

206. 简述劳动力商品的价值所包括的几部分生活资料的价值。

207. 简述剩余价值规律为何是资本主义的基本经济规律。

208. 简述社会总产品的构成包括的方面。

209. 简述社会总产品的实现，也就是社会总产品的补偿包括的方面。

210. 简述资本主义基本矛盾的主要表现形式。

211. 简述第二次世界大战后垄断统治进一步加强的主要表现。

212. 简述战后各资本主义国家的垄断财团随着金融资本的发展得到增强的表现。

213. 简述垄断阶段同自由竞争阶段竞争的不同点的主要表现。

214. 简述国家垄断资本主义的基本形式。

215. 简述资本输出的作用和后果。

216. 20 世纪 80 年代以来，经济全球化的进程明显加快，简述促成这种变化的原因。

217. 无产阶级革命是迄今人类历史上最广泛、最彻底、最深刻的革命，是不同于以往一切革命的最新类型的革命，简述其原因。

218. 简述列宁的主要贡献。

219. 简述斯大林领导下的苏联对社会主义的探索。

220. 简述社会主义制度对人类社会历史的发展做出的巨大历史贡献。

四、论述题

221. 试述马克思、恩格斯之所以能够完成时代赋予的重任,创立马克思主义的主观条件。

222.试述社会改革特殊性的主要表现。

223.试述杰出人物在历史发展中的作用的主要表现。

224.试述资本主义再生产周期的阶段及其特点。

225.试述战后垄断资本主义发展的原因。

226.试述发达市场经济国家在调控货币量方面，主要运用的所谓三大手段或三个法宝。

227.试述人们关于社会主义基本特征的认识。

228. 试述马克思对共产主义社会的展望。

229. 试述社会主义社会和共产主义社会具有的共同的基本特征。

230. 试述实现共产主义所需具备的基本条件。

历年真题

第三部分

马克思主义基本原理概论

真题试卷(一)

(考试时间:150分钟)

题 号	一	二	三	四	总分
题 分	30	20	30	20	
得 分					

第Ⅰ部分 选择题(50分)

一、单项选择题(本大题共 30 小题,每小题 1 分,共 30 分)

在每小题列出的四个备选项中只有一个是符合题目要求的,请将其选出填在题后的括号内。错选、多选或未选均无分。

1. 马克思主义的科学性和革命性统一于它的　　　　　　　　　　　　　　【　　】
   A. 实践性　　　　　　　　　　　　B. 阶级性
   C. 深刻性　　　　　　　　　　　　D. 批判性

2. 英国古典经济学的代表人物是　　　　　　　　　　　　　　　　　　　【　　】
   A. 培根和洛克　　　　　　　　　　B. 黑格尔和费尔马哈
   C. 斯密和李嘉图　　　　　　　　　D. 圣西门和傅立叶

3. 运动和静止的关系属于　　　　　　　　　　　　　　　　　　　　　　【　　】
   A. 必然和偶然的关系　　　　　　　B. 本质和现象的关系
   C. 共性和个性的关系　　　　　　　D. 绝对和相对的关系

4. 规律的两个特点是　　　　　　　　　　　　　　　　　　　　　　　　【　　】
   A. 客观性和普遍性　　　　　　　　B. 客观性和历史性
   C. 普遍性和持久性　　　　　　　　D. 普遍性和自觉性

5. "一把钥匙开一把锁"。这句话强调的是　　　　　　　　　　　　　　　【　　】
   A. 要注重分析矛盾的同一性　　　　B. 要注重分析矛盾的斗争性
   C. 要注意分析矛盾的特殊性　　　　D. 要注重分析矛盾的普遍性

6. 下列关于意识起源的正确说法是　　　　　　　　　　　　　　　　　　【　　】
   A. 意识是主观自生的　　　　　　　B. 意识是自然界长期发展的产物
   C. 意识是人脑的机能　　　　　　　D. 意识是客观世界的主观映像

7. 唯物主义认识论和唯心主义认识论的根本区别是　　　　　　　　　　　【　　】
   A. 前者是可知论,后者是不可知论　　B. 前者是能动反映论,后者是机械反映论
   C. 前者是反映论,后者是先验论　　　D. 前者是唯理论,后者是经验论

8. 人类认识发展的根本动力是　　　　　　　　　　　　　　　　　　　　【　　】

　A.兴趣爱好　　　　　　　　　　　B.社会实践

　C.求知欲望　　　　　　　　　　　D.好奇心理

9.理性认识的三种形式是　　　　　　　　　　　　　　　　　　【　　】

　　A.概念、判断、推理　　　　　　　B.感觉、知觉、表象

　　C.抽象、具体、再抽象　　　　　　D.分析、归纳、综合

10.任何真理都是具体的,包罗万象的真理是不存在的。这是因为真理具有　【　　】

　　A.绝对性　　　　　　　　　　　　B.相对性

　　C.全面性　　　　　　　　　　　　D.片面性

11.在生产关系的构成要素中,起决定作用的是　　　　　　　　　　【　　】

　　A.产品分配方式　　　　　　　　　B.人们在生产中的地位

　　C.人们在生产中的相互关系　　　　D.生产资料所有制形式

12.按照技术社会形态的划分标准,我们可以把人类历史划分为　　　　【　　】

　　A.人的依赖性社会、物的依赖性社会、个人全面发展的社会

　　B.渔猎社会、农业社会、工业社会、信息社会

　　C.自然经济社会、商品经济社会、产品经济社会

　　D.古代社会、近代社会、现代社会

13.划分阶级的唯一标准是　　　　　　　　　　　　　　　　　　【　　】

　　A.政治标准　　　　　　　　　　　B.思想标准

　　C.经济标准　　　　　　　　　　　D.文化标准

14.人区别于动物的根本标志在于人能够　　　　　　　　　　　　【　　】

　　A.制造和使用工具　　　　　　　　B.创造和使用语言符号

　　C.积极地适应外部环境　　　　　　D.能动地反映客观世界

15.以私有制为基础的商品经济的基本矛盾是　　　　　　　　　　【　　】

　　A.具体劳动与抽象劳动的矛盾　　　B.简单劳动与复杂劳动的矛盾

　　C.物化劳动与活劳动的矛盾　　　　D.私人劳动与社会劳动的矛盾

16.劳动力的价值决定有一个重要特点,即　　　　　　　　　　　【　　】

　　A.它由其生产的剩余价值决定　　　B.它由其使用价值决定

　　C.它包含历史和道德因素　　　　　D.它包含习惯和法律因素

17.资本主义的基本经济规律是　　　　　　　　　　　　　　　　【　　】

　　A.价值规律　　　　　　　　　　　B.剩余价值规律

　　C.资本积累规律　　　　　　　　　D.平均利润规律

18.资本主义意识形态的核心是　　　　　　　　　　　　　　　　【　　】

　　A.实用主义　　　　　　　　　　　B.享乐主义

　　C.功利主义　　　　　　　　　　　D.利己主义

19.价值增殖产生于资本循环的　　　　　　　　　　　　　　　　【　　】

　　A.购买阶段　　　　　　　　　　　B.生产阶段

C. 销售阶段　　　　　　　　　　　　D. 运输阶段

20. 考察社会资本再生产,核心问题是分析　　　　　　　　　　　　　　　　【　　】

A. 社会总产品的各个构成部分是如何实现的

B. 剩余价值是如何转化为平均利润的

C. 剩余价值是怎样生产的

D. 资本循环是怎样运行的

21. 资本主义的生产成本不应包括　　　　　　　　　　　　　　　　　　　　【　　】

A. 工人的工资　　　　　　　　　　　B. 原材料费用

C. 机器设备的折旧费　　　　　　　　D. 机器设备未折旧部分

22. 资本主义商业店员所从事的商品买卖活动, 即　　　　　　　　　　　　　【　　】

A. 创造商品的价值和使用价值　　　　B. 实现商品的价值和使用价值

C. 创造商品的价值和剩余价值　　　　D. 实现商品的价值和剩余价值

23. 资本主义银行的利润率一般应相当于　　　　　　　　　　　　　　　　　【　　】

A. 社会的平均利润率　　　　　　　　B. 垄断企业的利润率

C. 银行的存款利息率　　　　　　　　D. 银行的贷款利息率

24. 国家垄断资本主义阶段大体形成于　　　　　　　　　　　　　　　　　　【　　】

A. 资产阶级革命以后　　　　　　　　B. 工业革命以后

C. 两次世界大战之间　　　　　　　　D. 第二次世界大战以后

25. 垄断资本主义时期社会经济生活中的万能垄断者是指　　　　　　　　　　【　　】

A. 处于垄断地位的工业企业　　　　　B. 处于垄断地位的大银行

C. 处于垄断地位的商业企业　　　　　D. 处于垄断地位的非银行金融机构

26. 发达资本主义国家对发展中国家的"经济援助"　　　　　　　　　　　　　【　　】

A. 全都是无偿提供的　　　　　　　　B. 对发展中国家是完全不利的

C. 是新殖民主义的一种方式　　　　　D. 对发展中国家是完全有利的

27. 无产阶级专政的最终目标是　　　　　　　　　　　　　　　　　　　　　【　　】

A. 巩固和发展无产阶级政权　　　　　B. 巩固和发展社会主义公有制

C. 建设社会主义新型民主　　　　　　D. 消灭剥削进入无阶级社会

28. 社会主义根本的和首要的任务是　　　　　　　　　　　　　　　　　　　【　　】

A. 解放和发展生产力　　　　　　　　B. 加强无产阶级专政

C. 巩固共产党的领导　　　　　　　　D. 镇压资产阶级的反抗

29. 共产主义社会的分配原则是　　　　　　　　　　　　　　　　　　　　　【　　】

A. 平均分配　　　　　　　　　　　　B. 按生产要素分配

C. 按劳分配　　　　　　　　　　　　D. 按需分配

30. 马克思主义认为,阶级消灭和国家消亡是在　　　　　　　　　　　　　　【　　】

A. 社会主义革命中实现的　　　　　　B. 社会主义初级阶段实现的

C. 社会主义高级阶段实现的　　　　　D. 共产主义社会实现的

二、多项选择题(本大题共 10 小题,每小题 2 分,共 20 分)

在每小题列出的四个备选项中至少有两个是符合题目要求的,请将其选出填在题后的括号内。错选、多选、少选或未选均无分。

31. 下列各项为马克思主义的形成提供了自然科学基础的有 【 】
    A. 细胞学说　　　　　　　　　　　　B. 狭义相对论
    C. 能量守恒和转化定律　　　　　　　D. 生物进化论

32. 实践的基本特点包括 【 】
    A. 普遍性　　　　　　　　　　　　　B. 客观性
    C. 自觉能动性　　　　　　　　　　　D. 社会历史性

33. 割裂感性认识和理性认识的辩证关系会导致 【 】
    A. 唯理论和经验论　　　　　　　　　B. 唯意志论和宿命论
    C. 教条主义和经验主义　　　　　　　D. 二元论和不可知论

34. 实践标准的确定性是指 【 】
    A. 现有的实践能够检验现有的全部认识　B. 只有实践才能作为检验真理的标准
    C. 实践能够对人类的一切认识做出检验　D. 实践一次就能检验认识的真理性

35. 下列各项中,属于社会存在的有 【 】
    A. 人口因素　　　　　　　　　　　　B. 地理环境
    C. 生产方式　　　　　　　　　　　　D. 政治制度

36. 下列各项正确表述可变资本含义的有 【 】
    A. 可变资本是以生产资料形式存在的资本
    B. 可变资本是以劳动力形式存在的资本
    C. 可变资本是在生产过程中发生价值增殖的那部分资本
    D. 可变资本是在生产过程中发生价值转移的那部分资本

37. 在资本主义国家的三权分立制度中,"三权"包括 【 】
    A. 立法权　　　　B. 财政权　　　　C. 行政权　　　　D. 司法权

38. 影响股票价格的主要因素有 【 】
    A. 股票的票面价格　　　　　　　　　B. 股息
    C. 平均利润　　　　　　　　　　　　D. 银行利息率

39. 以下属于资本主义生产关系的局部调整和部分质变的有 【 】
    A. 从自由竞争资本主义发展到垄断资本主义
    B. 从私人垄断资本主义发展到国家垄断资本主义
    C. 资本社会化形式的发展
    D. 工业和科技革命的发展

40. 从人员构成上看,马克思主义政党 【 】
    A. 由工人阶级的先进分子组成　　　　B. 由工人阶级的全体成员组成
    C－有其他阶级的先进分子加入　　　　D. 有其他阶层的先进分子加入

第Ⅱ部分　非选择题(50分)

三、简答题(本大题共5小题,每小题6分,共30分。)

41. 简述马克思主义科学体系的三个组成部分及其直接理论来源。

42. 与其他阶级社会的改革相比,社会主义社会的改革有哪些特点?

43. 资本主义经济危机的实质和根源是什么?

44. 简述垄断阶段竞争依然存在的原因。

45. 为什么说马克思主义政党是新型的革命政党？

四、论述题(本大题共 2 小题,每小题 10 分,共 20 分。)

46.试述量变和质变的辩证关系原理及其对社会主义建设的指导意义。

47.试述资本周转速度对剩余价值的影响。

马克思主义基本原理概论

真题试卷（二）

（考试时间：150分钟）

题 号	一	二	三	四	总分
题 分	30	20	30	20	
得 分					

第Ⅰ部分 选择题（50分）

一、单项选择题（本大题共30小题，每小题1分，共30分）

在每小题列出的四个备选项中只有一个是符合题目要求的，请将其选出填在题后的括号内。错选、多选或未选均无分。

1. 马克思主义的根本理论特征是 【 】

　　A. 科学性和革命性的统一　　　　　　B. 逻辑性和历史性的统一

　　C. 自然观和历史观的统一　　　　　　D. 世界观和方法论的统一

2. 对世界存在状态问题的不同回答所区分的哲学派别是 【 】

　　A. 可知论和不可知论　　　　　　　　B. 反映论和先验论

　　C. 辩证法和形而上学　　　　　　　　D. 唯物主义和唯心主义

3. 哲学上的一元论与二元论的区别在于是否承认 【 】

　　A. 世界的物质性　　　　　　　　　　B. 世界的统一性

　　C. 世界的可知性　　　　　　　　　　D. 世界的多样性

4. 在物质和运动的关系问题上，唯心主义的错误在于 【 】

　　A. 否认物质的绝对运动　　　　　　　B. 夸大相对静止的存在

　　C. 否认物质是运动的主体　　　　　　D. 主张没有运动的物质

5. 下列选项中属于最基本的实践活动的是 【 】

　　A. 社会管理活动　　　　　　　　　　B. 科学实验活动

　　C. 社会改革活动　　　　　　　　　　D. 物质生产活动

6. 区分量变和质变的根本标志是 【 】

　　A. 事物的变化是否迅速　　　　　　　B. 事物的变化是否超出度的范围

　　C. 事物的变化是否彻底　　　　　　　D. 事物的变化是否具有必然性

7. 马克思主义认识论认为，认识的本质是 【 】

　　A. 主体对客体的直观反映　　　　　　B. 主体对客体的自由创造

　　C. 主体对客体的能动反映　　　　　　D. 主体对客体的简单摹写

8. 感性认识和理性认识的区别在于 【　　】
   A. 前者源于书本,后者源于实践
   B. 前者是可靠的,后者是不可靠的
   C. 前者反映事物的现象,后者反映事物的本质
   D. 前者来源于直接经验,后者来源于间接经验

9. 真理都是具体的,包罗万象的真理是不存在的。这说明任何真理都具有 【　　】
   A. 全面性　　　　　　　　　　　B. 相对性
   C. 绝对性　　　　　　　　　　　D. 客观性

10. 党的思想路线的核心是 【　　】
    A. 一切从实际出发　　　　　　　B. 理论联系实际
    C. 实事求是　　　　　　　　　　D. 实践是检验真理的唯一标准

11. 决定人口生产的发展方向和基本趋势的是 【　　】
    A. 地理环境　　　　　　　　　　B. 物质生产
    C. 风俗习惯　　　　　　　　　　D. 人伦道德

12. 下列范畴中,反映人与人之间经济关系的是 【　　】
    A. 生产力　　　　　　　　　　　B. 生产关系
    C. 生产方式　　　　　　　　　　D. 生产资料

13. 阶级斗争归根结底是由 【　　】
    A. 物质利益的对立引起的　　　　B. 思想观念的分歧引起的
    C. 政治理念的差异引起的　　　　D. 宗教信仰的不同引起的

14. 在历史创造者问题上,两种根本对立的观点是 【　　】
    A. 群众史观和英雄史观　　　　　B. 一元论和二元论
    C. 宿命论和唯意志论　　　　　　D. 唯理论和经验论

15. 商品的最本质因素是 【　　】
    A. 使用价值　　　　　　　　　　B. 价值
    C. 交换价值　　　　　　　　　　D. 剩余价值

16. 社会必要劳动时间是以 【　　】
    A. 具体劳动为尺度的　　　　　　B. 简单劳动为尺度的
    C. 复杂劳动为尺度的　　　　　　D. 个别劳动为尺度的

17. 资本主义生产过程是 【　　】
    A. 劳动过程和价值形成过程的统一　　　B. 劳动过程和价值增殖过程的统一
    C. 劳动过程和创造新价值过程的统一　　D. 劳动过程和转移旧价值过程的统一

18. 马克思主义认为,资本主义意识形态 【　　】
    A. 只具有历史进步性　　　　　　B. 既有历史进步性又有阶级局限性
    C. 只具有阶级局限性　　　　　　D. 既无历史进步性又无阶级局限性

19. 产业资本循环中为生产剩余价值准备条件的阶段是 【　　】

A. 生产阶段   B. 流通阶段

C. 购买阶段   D. 销售阶段

20. 资本家加速资本周转的目的是 【 】

  A. 提高平均利润率   B. 提高剩余价值率

  C. 提高资本积累率   D. 提高年剩余价值率

21. 资本主义经济危机中最典型的现象是 【 】

  A. 生产过剩   B. 商品短缺

  C. 长期萧条   D. 持续高涨

22. 超额利润是 【 】

  A. 个别价值低于社会价值的差额

  B. 个别价值低于社会价格的差额

  C. 个别生产价格低于社会生产价格的差额

  D. 个别生产价格低于社会市场价格的差额

23. 同股票价格成反比的是 【 】

  A. 银行利息率   B. 股息

  C. 股票票面额   D. 股票控制额

24. 垄断产生的物质条件和基础是 【 】

  A. 社会分工的发展   B. 商品经济的发展

  C. 自然分工的发展   D. 社会化生产力的发展

25. 在垄断资本主义阶段, 占统治地位的资本是 【 】

  A. 工业资本   B. 银行资本

  C. 商业资本   D. 金融资本

26. 资本主义经济的发展是为更高级的生产方式创造物质条件, 这主要表现为 【 】

  A. 创造高科技成果   B. 无产阶级队伍的成长和壮大

  C. 发展社会生产力   D. 资本主义市场经济制度的建立和发展

27. 提出并实施新经济政策的是 【 】

  A. 列宁   B. 恩格斯

  C. 马克思   D. 斯大林

28. 马克思主义政党产生的充分条件是 【 】

  A. 马克思主义理论的诞生

  B. 工人运动的发展

  C. 马克思主义理论的传播

  D. 马克思主义与工人运动相结合

29. 社会主义社会和共产主义社会都存在的经济关系是 【 】

  A. 生产资料的社会公有制   B. 按劳分配

  C. 市场经济体制   D. 按需分配

30. 劳动不再仅仅是一种谋生手段而同时成为生活第一需要的社会是 【　　】

　　A. 社会主义社会　　　　　　　　　　B. 共产主义社会

　　C. 资本主义社会　　　　　　　　　　D. 信息社会

二、多项选择题(本大题共 10 小题,每小题 2 分,共 20 分)

　　在每小题列出的四个备选项中至少有两个是符合题目要求的,请将其选出填在题后的括号
内。错选、多选、少选或未选均无分。

31. 下列各项属于马克思主义理论基本组成部分的有 【　　】

　　A. 科学社会主义　　　　　　　　　　B. 民主社会主义

　　C. 马克思主义哲学　　　　　　　　　D. 马克思主义政治经济学

32. 下列各项属于唯物辩证法的否定观的有 【　　】

　　A. 否定是事物的全盘否定　　　　　　B. 否定是事物联系的环节

　　C. 否定是事物的自我否定　　　　　　D. 否定是事物发展的环节

33. 下列各项表现了意识能动性的有 【　　】

　　A. 意识活动具有目的性和计划性　　　B. 意识能影响人的生理活动

　　C. 意识活动具有主动创造性　　　　　D. 意识能指导人的实践活动

34. 在真理标准问题上,下列说法中属于唯心主义观点的有 【　　】

　　A. 多数人认可的就是真理　　　　　　B. 权威人士采纳的就是真理

　　C. 少数人坚持的就是真理　　　　　　D. 大家觉得有用的就是真理

35. 下列各项中,属于人类社会基本矛盾的有 【　　】

　　A. 生产力与生产关系的矛盾　　　　　B. 资源稀缺与人口增长的矛盾

　　C. 经济基础与上层建筑的矛盾　　　　D. 先进观念与落后思想的矛盾

36. 货币最基本的职能有 【　　】

　　A. 价值尺度　　　　B. 流通手段　　　　C. 支付手段　　　　D. 贮藏手段

37. 资本主义增加绝对剩余价值生产主要依靠的是 【　　】

　　A. 延长工作日　　　　　　　　　　　B. 缩短必要劳动时间

　　C. 增加劳动强度　　　　　　　　　　D. 提高劳动生产率

38. 生产价格与价值的关系是 【　　】

　　A. 生产价格与价值无关　　　　　　　B. 生产价格是价值的转化形式

　　C. 生产价格的形成以价值为基础　　　D. 生产价格与价值在量上经常不一致

39. 垄断和竞争的关系是 【　　】

　　A. 垄断是在竞争的基础上产生的　　　B. 垄断没有也不可能消除竞争

　　C. 垄断使竞争更加剧烈和复杂　　　　D. 垄断与竞争并存

40. 马克思主义认为,共产主义社会将消灭 【　　】

　　A. 工农差别　　　　　　　　　　　　B. 城乡差别

　　C. 行业差别　　　　　　　　　　　　D. 体力劳动与脑力劳动的差别

第Ⅱ部分　非选择题(50分)

三、简答题(本大题共 5 小题,每小题 6 分,共 30 分。)

41.简述对立统一规律是唯物辩证法的实质与核心。

42.简述实践是认识的基础。

43.简述划分不变资本和可变资本的意义。

44. 国家垄断资本主义有哪些基本形式？

45. 为什么说社会主义是在曲折中前进的？

四、论述题(本大题共 2 小题,每小题 10 分,共 20 分。)

46.试述社会存在和社会意识辩证关系的原理及其对发展社会主义先进文化的意义。

47.试述平均利润的形成及本质。

强化模拟

第四部分

马克思主义基本原理概论

强化模拟(一)

(考试时间:150分钟)

题 号	一	二	三	总分
题 分	50	30	20	
得 分				

第Ⅰ部分 选择题(50分)

一、单项选择题(本大题共25小题,每小题2分,共50分。在每小题列出的四个备选项中只有一个是符合题目要求的,请将其选出填在题后的括号内。错选、多选或未选均无分)

1. 马克思主义哲学产生的直接理论来源是 【 】
   A. 古希腊罗马哲学　　　　　　　　B. 英国唯物主义哲学
   C. 德国古典哲学　　　　　　　　　D. 法国启蒙哲学

2. 马克思主义的革命性表现为它具有 【 】
   A. 不带任何偏见和经受住实践检验　　B. 彻底的批判精神和鲜明的政治立场
   C. 彻底的革命精神和完整的理论体系　D. 严密的逻辑结构和完整的理论体系

3. 形而上学唯物主义的局限性是 【 】
   A. 简单性、机械性、教条性、僵化性　　B. 片面性、直观性、表面性、庸俗性
   C. 片面性、不彻底性、抽象性、外在性　D. 机械性、形而上学性、直观性、不彻底性

4. "沉舟侧畔千帆过,病树前头万木春。""芳林新叶催陈叶,流水前波让后波。"这两句诗包含的哲学道理是 【 】
   A. 矛盾是事物发展的动力　　　　　　B. 一切事物都是发展变化的
   C. 事物的发展是量变和质变的统一　　D. 新事物代替旧事物是事物发展的总趋势

5. 否定之否定规律揭示了 【 】
   A. 事物的发展是必然性和偶然性的统一　B. 事物的发展是量变和质变的统一
   C. 事物的发展是前进性和曲折性的统一　D. 矛盾是事物发展的动力和源泉

6. 在内容和形式的矛盾运动中 【 】
   A. 内容是活跃易变的,形式是相对稳定的　B. 内容是相对稳定的,形式是活跃易变的
   C. 内容和形式都处在不停地显著变动中　　D. 内容的变化总是落后于形式的变化

7. 认识的主体和客体之间最基本的关系是 【 】
   A. 反映与被反映的认识关系　　　　　B. 改造与被改造的实践关系

C. 需要与满足需要的价值关系　　　　D. 创造与被创造的主从关系

8. 感性认识的形式是　　　　　　　　　　　　　　　　　　　　【　　】

　A. 概念、判断、推理　　　　　　　　B. 感觉、知觉、表象

　C. 分析和综合　　　　　　　　　　　D. 总结和概括

9. 真理和谬误的区别在于　　　　　　　　　　　　　　　　　　【　　】

　A. 真理是绝对的,谬误是相对的

　B. 真理是不变的,谬误是可变的

　C. 真理来源于实践,谬误是主观自生的

　D. 真理是对事物的正确反映,谬误是对事物的歪曲反映

10. 既承认实践是检验真理的唯一标准,又承认逻辑证明在认识和探索真理中的作用,就是认
　为　　　　　　　　　　　　　　　　　　　　　　　　　　　【　　】

　A. 检验真理的标准是多元的

　B. 逻辑证明可以取代实践标准

　C. 逻辑证明可以最终证实或驳倒真理

　D. 被逻辑证明证实或证伪了的认识最终还要靠实践的检验

11. 下列各组社会意识形式中,全部属于意识形态范围的是　　　　【　　】

　A. 法律思想、逻辑学、宗教　　　　　B. 政治思想、语言学、艺术

　C. 自然科学、道德、宗教　　　　　　D. 法律思想、哲学、艺术

12. 在劳动资料方面,最能标志生产力发展水平的因素是　　　　　【　　】

　A. 运输设备　　　　　　　　　　　　B. 动力系统

　C. 传动装置　　　　　　　　　　　　D. 生产工具

13. 按照技术社会形态的划分标准,我们可以把人类历史划分为　　【　　】

　A. 人的依赖性社会、物的依赖性社会、个人全面发展的社会

　B. 渔猎社会、农业社会、工业社会、信息社会

　C. 自然经济社会、商品经济社会、产品经济社会

　D. 古代社会、近代社会、现代社会

14. 区分普通个人和历史人物的标准是　　　　　　　　　　　　　【　　】

　A. 对历史发展作用的大小　　　　　　B. 对历史发展的作用是积极还是消极的

　C. 对历史发展的作用是主动还是被动的　D. 对历史发展的作用是必然还是偶然的

15. 单位商品的价值量与包含在该商品中的社会必要劳动量是　　　【　　】

　A. 成正比　　　　　　　　　　　　　B. 成反比

　C. 不成比例　　　　　　　　　　　　D. 反向变化

16. 价值规律作用的表现形式是　　　　　　　　　　　　　　　　【　　】

　A. 商品价格围绕价值波动　　　　　　B. 商品价格经常低于价值

　C. 价值围绕商品价格波动　　　　　　D. 商品价格往往高于价值

17. 资本主义生产过程是　　　　　　　　　　　　　　　　　　　【　　】

　A. 劳动过程和价值形成过程的统一　　B. 劳动过程和价值增殖过程的统一

　C. 劳动过程和创造新价值过程的统一　D. 劳动过程和转移旧价值过程的统一

18. 社会资本再生产的核心问题是 【   】

A. 两大部类比例关系的保持 B. 社会总产品的实现

C. 生产资料优先增长 D. 剩余价值的实现

19. 资本主义民主制的核心和主要标志是 【   】

A. 议会制 B. 三权分立制

C. 民主共和制 D. 普选制

20. 为了获得高额垄断利润,垄断组织在采购原材料时多采取 【   】

A. 垄断高价 B. 垄断低价 C. 自由价格 D. 市场价格

21. 垄断资本主义阶段的金融资本是指 【   】

A. 垄断的银行资本 B. 垄断的工业资本

C. 垄断资本同国家政权的结合 D. 垄断的银行资本同垄断的工业资本的融合

22. 一般垄断资本主义阶段资本国际化的主要形式是 【   】

A. 商业资本国际化 B. 借贷资本国际化

C. 产业资本国际化 D. 银行资本国际化

23. 社会主义在一国或数国首先胜利的理论立足于 【   】

A. 马克思、恩格斯著作中的科学预言 B. 资本主义发展不平衡规律

C. 巴黎公社的原则 D. 生产力决定论

24. 从资本主义向社会主义过渡时期无产阶级专政的首要任务是 【   】

A. 进行社会主义革命,夺取政权 B. 无产阶级使自己上升为统治阶级

C. 以经济建设为中心发展生产 D. 完成剥夺剥削者权利的任务

25. 共产主义社会的显著特征和一面旗帜是 【   】

A. 按劳分配 B. 按需分配

C. 各尽所能,按劳分配 D. 各尽所能,按需分配

第Ⅱ部分　非选择题(50分)

二、简答题(本大题共5小题,每小题6分,共30分。)

26. 简述马克思主义的根本理论特征。

27. 简述可知论与不可知论的对立。

28. 简述价值规律在私有制商品经济中的作用。

29. 简述第二次世界大战后国家垄断资本主义大发展的原因。

30. 马克思主义经典作家对社会主义基本特征有哪些重要论述?

三、论述题(本大题共 3 小题,考生任选其中 2 题作答,每小题 10 分,共 20 分。如果考生回答的题目超过 2 题,只按考生回答题目的前 2 题计分。)

31. 试述量变和质变辩证关系的原理及其现实意义。

32.试述社会形态发展的统一性和多样性的含义及表现。

33.试述社会资本再生产的比例关系。

马克思主义基本原理概论

强化模拟（二）

（考试时间：150分钟）

题　号	一	二	三	总分
题　分	50	30	20	
得　分				

第Ⅰ部分　选择题（50分）

一、单项选择题（本大题共 25 小题，每小题 2 分，共 50 分。在每小题列出的四个备选项中只有一个是符合题目要求的，请将其选出填在题后的括号内。错选、多选或未选均无分）

1. 马克思主义公开问世的标志性著作是　　　　　　　　　　　　　　【　　】
   A.《哲学的贫困》和《共产党宣言》
   B.《关于费尔巴哈的提纲》和《德意志意识形态》
   C.《人类学笔记》和《资本论》
   D.《反杜林论》和《家庭、私有制和国家的起源》

2. 马克思主义的理论品质是　　　　　　　　　　　　　　　　　　　【　　】
   A. 批判精神　　　　　　　　　　　　　B. 与时俱进
   C. 不迷信权威　　　　　　　　　　　　D. 尊重客观规律

3. 辩证唯物主义认为，物质的唯一特性是　　　　　　　　　　　　　【　　】
   A. 广延性　　　　　　　　　　　　　　B. 持续性
   C. 客观实在性　　　　　　　　　　　　D. 可知性

4. 唯物辩证法认为，发展的实质是　　　　　　　　　　　　　　　　【　　】
   A. 新事物的产生和旧事物的灭亡　　　　B. 事物的一切运动变化
   C. 事物根本性质的变化　　　　　　　　D. 事物存在范围的扩大

5. 认识我国改革开放和社会主义现代化建设的形势，首先要分清主流和支流，看到取得的成绩是主流，同时又不忽视支流。这是在哲学上坚持了　　　　　　【　　】
   A. 事物普遍联系和永恒运动的观点　　　B. 矛盾的普遍性和特殊性相统一的观点
   C. 两点论和重点论相统一的观点　　　　D. 矛盾的同一性和斗争性相统一的观点

6. 有的哲学家说：在大风扬起的尘土漩涡里，没有任何一粒尘土的分布是偶然的。这是一种　　　　　　　　　　　　　　　　　　　　　　　　　【　　】
   A. 形而上学机械决定论的观点　　　　　B. 辩证唯物主义决定论的观点
   C. 唯心主义非决定论的观点　　　　　　D. 庸俗唯物主义观点

7. 社会规律与自然规律的区别是 【 　 】

　A. 社会规律具有盲目性,自然规律具有自觉性

　B. 社会规律以人的意志为转移,自然规律不以人的意志为转移

　C. 社会规律是通过人的自觉活动实现的,自然规律是自发地起作用的

　D. 社会规律是不稳定的,自然规律是稳定不变的

8. "实践、认识、再实践、再认识,这种形式,循环往复以至无穷"体现的是 【 　 】

　A. 唯心主义辩证法　　　　　　　　　B. 唯物主义辩证法

　C. 朴素唯物主义观点　　　　　　　　D. 机械唯物主义观点

9. 一个完整的认识过程需要经过两次飞跃。下列各项属于第二次飞跃的是 【 　 】

　A. 调查研究,了解情况　　　　　　　B. 深入思考,形成理论

　C. 精心安排,制订计划　　　　　　　D. 执行计划,付诸实践

10. 真理的发展是一个 【 　 】

　A. 从主观真理走向客观真理的过程　　B. 从局部真理走向全面真理的过程

　C. 从具体真理走向抽象真理的过程　　D. 从相对真理走向绝对真理的过程

11. 在人类社会发展中起决定作用的是 【 　 】

　A. 差异多样的地理环境　　　　　　　B. 丰腴富饶的自然资源

　C. 协调合理的人口结构　　　　　　　D. 物质资料的生产方式

12. 在上层建筑的各种要素中,居于主导地位的是 【 　 】

　A. 艺术　　　　B. 宗教哲学　　　　C. 政治　　　　D. 哲学

13. 社会改革和社会革命都根源于 【 　 】

　A. 生产力和生产关系的矛盾　　　　　B. 社会存在和社会意识的矛盾

　C. 人口增长和资源匮乏的矛盾　　　　D. 创新意识和传统观念的矛盾

14. 唯物史观和唯心史观在历史创造者问题上的根本对立在于是否承认 【 　 】

　A. 个人在历史发展中的作用

　B. 思想动机在社会发展中的作用

　C. 人民群众是推动历史发展的决定力量

　D. 剥削阶级代表人物在历史发展中的作用

15. 商品经济产生和存在的一般基础和条件是 【 　 】

　A. 劳动力成为商品　　　　　　　　　B. 市场经济体制建立

　C. 社会分工的出现和发展　　　　　　D. 价值规律起基础性作用

16. 商品生产者要获得更多收益必须使生产商品的 【 　 】

　A. 个别劳动时间等于社会必要劳动时间　B. 个别劳动时间低于社会必要劳动时间

　C. 个别劳动时间高于社会必要劳动时间　D. 个别价值等于社会价值

17. 劳动力价值决定的一个重要特点是 【 　 】

　A. 它由剩余价值决定　　　　　　　　B. 它包括历史和道德因素

　C. 它由自身的使用价值决定　　　　　D. 它由市场供求关系决定

18. 在不同生产部门之间竞争中形成的,体现整个资产阶级剥削整个工人阶级的经济关系是

　　　　　　　　　　　　　　　　　　　　　　　　　　　　　　　【 　 】

　A. 绝对剩余价值　　　　　　　　　　B. 相对剩余价值

C. 平均利润 　　　　　　　　　　D. 垄断利润

19. 商业资本家获得的商业利润应相当于　　　　　　　　　【　　】

　　A. 剩余价值　　　B. 利息　　　C. 年剩余价值　　　D. 平均利润

20. 垄断价格的出现表明　　　　　　　　　　　　　　　　【　　】

　　A. 垄断可以创造价值　　　　　　B. 价值规律作用的形式发生了变化

　　C. 垄断价格能完全脱离价值　　　D. 价值规律不再起作用

21. 资本主义国家向外输出资本形式变化的大体顺序是　　　　【　　】

　　A. 由商业资本输出为主,到产业资本输出为主,再到借贷资本输出为主

　　B. 由商业资本输出为主,到借贷资本输出为主,再到产业资本输出为主

　　C. 由产业资本输出为主,到商业资本输出为主,再到借贷资本输出为主

　　D. 由借贷资本输出为主,到商业资本输出为主,再到产业资本输出为主

22. 经济全球化本质上是　　　　　　　　　　　　　　　　【　　】

　　A. 生产全球化　　　　　　　　　B. 贸易全球化

　　C. 资本全球化　　　　　　　　　D. 资源配置全球化

23. 标志科学社会主义理论正式面世的著作是指　　　　　　　【　　】

　　A.《共产主义原理》　　　　　　 B.《共产党宣言》

　　C.《哥达纲领批判》　　　　　　 D.《国家与革命》

24. 马克思主义政党的最高纲领和奋斗目标是　　　　　　　　【　　】

　　A. 解放生产力,发展生产力　　　B. 消灭剥削,消除两极分化

　　C. 建设社会主义　　　　　　　　D. 最终实现共产主义

25. 共产主义社会的必经阶段和必由之路是　　　　　　　　　【　　】

　　A. 社会主义革命和无产阶级专政　B. 向社会主义过渡时期

　　C. 社会主义初级阶段　　　　　　D. 社会主义社会

第Ⅱ部分　非选择题(50分)

二、简答题(本大题共5小题,每小题6分,共30分。)

26. 简述列宁的物质定义及其重要意义。

27. 简要说明无产阶级政党的群众观点。

28. 简述影响资本周转速度的因素。

29. 简述经济文化落后的国家建设社会主义的艰巨性和长期性。

30. 马克思主义经典作家所科学预见的共产主义社会的基本特征是什么？

三、论述题(本大题共 3 小题,考生任选其中 2 题作答,每小题 10 分,共 20 分。如果考生回答的题目超过 2 题,只按考生回答题目的前 2 题计分。)

31. 试述感性认识和理性认识的辩证关系,并说明割裂二者的统一在理论上和实际工作中会导致的错误。

32. 什么是超额剩余价值？它与相对剩余价值的关系是怎样的？

33. 试述当代资本主义的新变化的原因及实质。

参考答案

题型练习

一、单项选择题

1. B	2. A	3. C	4. D	5. A
6. B	7. D	8. C	9. C	10. A
11. D	12. B	13. C	14. B	15. A
16. D	17. C	18. A	19. C	20. B
21. C	22. D	23. D	24. D	25. C
26. D	27. A	28. B	29. B	30. C
31. D	32. B	33. A	34. B	35. C
36. D	37. A	38. B	39. D	40. A
41. C	42. A	43. C	44. B	45. D
46. C	47. B	48. C	49. A	50. D
51. A	52. D	53. D	54. D	55. B
56. A	57. D	58. B	59. A	60. B
61. C	62. A	63. C	64. B	65. D
66. D	67. C	68. C	69. B	70. A
71. B	72. A	73. B	74. D	75. A
76. B	77. C	78. D	79. B	80. D

二、多项选择题

81. BCD	82. ACD	83. CD	84. BC	85. BCD
86. ABC	87. ACD	88. ACD	89. ACD	90. ACD
91. AD	92. BCD	93. BCD	94. ABCD	95. ABD
96. ABCD	97. ABD	98. ABD	99. ACD	100. CD
101. ABC	102. BCD	103. ACD	104. AC	105. BCD
106. ABCD	107. ACD	108. BD	109. ABCD	110. ABC
111. ABC	112. ABC	113. ABD	114. ABC	115. CD
116. ABCD	117. ABCD	118. BC	119. ABC	120. ABC
121. ABCD	122. BCD	123. ACD	124. ABC	125. ABD
126. AB	127. ABCD	128. ABCD	129. ABCD	130. ABCD
131. AB	132. AC	133. ABC	134. AB	135. BCD
136. AB	137. ABCD	138. ABCD	139. ABCD	140. ABCD

141. ABCD 　　142. ACD 　　143. ABCD 　　144. AB 　　145. ABCD

146. ABCD 　　147. ACD 　　148. ABCD 　　149. ABD 　　150. ABCD

三、简答题

151. (1)马克思主义是马克思、恩格斯创立的。

(2)马克思主义不仅包括它的创始人马克思、恩格斯的理论,而且包括它的继承人的理论,特别是列宁、毛泽东、邓小平等人的理论。

(3)列入马克思主义范畴的理论,必须是在基本观点、基本立场、基本方法、价值取向等方面与马克思、恩格斯创立的理论前后相继、一脉相承,在本质上相一致的。

(4)马克思主义的各个组成部分,不是彼此孤立、互不联系的,而是组成一个具有内在逻辑联系的科学体系,其中马克思主义哲学是科学的世界观和方法论,政治经济学揭示了资本主义的发展规律,处于核心地位的则是科学社会主义理论。

152. (1)理想是人生航程的灯塔。

(2)理想是人生前进的动力。

(3)理想是人生的精神支柱。

153. (1)树立正确的世界观、人生观、价值观。

(2)掌握认识世界和改造世界的伟大工具。

(3)全面提高人的素质。

(4)指导中国特色社会主义伟大实践。

154. (1)第一方面是物质和意识哪个是本原、哪个是第一性的问题。这在哲学上属于本体论的问题,是最重要的方面。如何回答这个问题是划分唯物主义和唯心主义的标准。凡是认为物质是本原的、第一性的,意识是派生的、第二性的哲学,属于唯物主义;凡是认为意识是本原的、第一性的,物质是派生的、第二性的哲学,属于唯心主义。

(2)第二方面是思维和存在的同一性问题,主要是指思维能否认识存在的问题,即世界可不可以认识的问题。这在哲学上属于认识论问题。对这个问题的不同回答,区分为可知论与不可知论。承认思维与存在的同一性,认为世界是可以认识的,属于可知论;否认思维与存在的同一性,认为世界是不可能认识的,属于不可知论。

155. (1)承认世界的统一性,坚持一元论,反对二元论。

(2)认为世界统一于物质,坚持唯物主义一元论,反对唯心主义一元论。

(3)认为世界是运动发展的、无限多样性的统一,克服了旧唯物主义　把世界的本原归结为某一种或几种具体的物质形态的局限性。

156. (1)它指出物质是不依赖于意识的客观实在,同唯心主义划清了界限。

(2)它指出物质是可以被人们认识的,同不可知论划清了界限。

(3)它指出客观实在性是一切物质的共性,克服了旧唯物主义物质观的局限性。

157. (1)只有承认相对静止,才能理解事物的多样性,区分开不同的事物。

(2)只有承认相对静止,才能认识事物分化的条件和生命现象的产生。

158. (1)劳动实践是人类和人类社会产生的决定性环节。

(2)物质生产实践是人类社会得以存在的基础。

(3)实践活动是推动社会发展的动力。

159. 新事物必然战胜旧事物,是由新旧事物的本质特点和事物发展的辩证本性决定的:

(1)新事物符合事物发展的必然趋势,具有强大的生命力和远大的发展前途,而旧事物则不符合事物发展的必然趋势,丧失了其存在的必然性。因此,新事物能迅速成长壮大,最终战胜旧事物。

(2)新事物优越于旧事物。新事物是在旧事物的"母腹"中孕育成熟的,它克服了旧事物所不能容纳的新内容,因而它具有旧事物所不可比拟的优越性。

(3)在社会历史领域内，新事物是社会上先进的、富有创造力的人们创造性活动的产物，它从根本上符合广大人民群众的利益和要求，因而能够得到广大人民群众的拥护和支持，它必然战胜旧事物。

160.(1)联系观点和孤立观点的对立。

(2)发展变化观点和静止不变观点的对立。

(3)承认事物内部矛盾和否认事物内部矛盾的对立。

161.(1)对立统一规律揭示了事物普遍联系的根本内容和发展变化的内在动力。

(2)对立统一规律是贯穿于唯物辩证法其他规律和范畴的中心线索，是理解它们的钥匙。

(3)矛盾分析法是最根本的认识方法。

(4)承认不承认对立统一规律以及矛盾是事物发展的动力，是唯物辩证法与形而上学的斗争焦点和根本分歧。

162.矛盾的同一性是指矛盾双方相互联系、相互吸引的性质。它包括两方面的含义：

(1)矛盾双方相互依存。

(2)矛盾双方相互贯通。

163.(1)矛盾双方相互依存，使事物保持相对稳定性，为事物的存在和发展提供必要的前提。

(2)矛盾双方互相从对方吸取有利于自身的因素而得到发展。

(3)矛盾的同一性规定着事物发展的基本趋势。

164.(1)在事物量变过程中，斗争推动着矛盾双方的力量对比和相互关系发生变化，为质变做准备。

(2)在事物质变过程中，斗争突破事物存在的限度，促成矛盾的转化，实现事物的质变。

165.(1)内因是事物发展变化的根据，是第一位的原因。

(2)外因是事物发展变化的条件，是第二位的原因。

(3)外因通过内因而起作用。

166.(1)不同事物的矛盾各有特点；

(2)同一事物的矛盾在不同发展过程和发展阶段各有不同的特点；

(3)构成事物的诸多矛盾以及每一矛盾的不同方面各有不同的性质、地位和作用。

167.(1)矛盾的普遍性与特殊性是相互联结的。

(2)矛盾的普遍性与特殊性是互相区别的。

(3)矛盾的普遍性与特殊性在一定条件下可以互相转化。

238.(1)二者相互影响、相互作用。

(2)主要矛盾和次要矛盾的地位不是一成不变的，它们在一定条件下可以相互转化，即主要矛盾降低为次要矛盾，次要矛盾上升为主要矛盾。

169.(1)矛盾的主要方面和次要方面是相互制约、相互作用的。

(2)矛盾的主要方面和次要方面的地位不是固定不变的，在一定条件下可以相互转化，随着矛盾双方主次地位的转化，事物的性质也就发生了变化。

170.(1)量变是质变的必要准备。

(2)质变是量变的必然结果。

(3)量变和质变相互渗透。

171.(1)辩证的否定是事物的自我否定，即通过事物内部矛盾而进行的对自身的否定。

(2)辩证的否定是联系和发展的环节。

(3)辩证的否定是扬弃。

172.事物的发展经过两次辩证的否定，由肯定阶段到否定阶段，再到否定之否定阶段，从而使事物的发展表现为螺旋式上升和波浪式前进的过程。否定之否定规律揭示了事物的发展是前进性和曲折性的统一。

173.(1)必然性通过大量的偶然性表现出来，由此为自己开辟道路，没有脱离偶然性的纯粹必然性。

(2)偶然性是必然性的表现形式和必要补充，偶然性背后隐藏着必然性并受其支配，没有脱离必然性的纯粹偶然性。

(3)必然性和偶然性在一定条件下相互转化。

174.(1)因为偶然性是受必然性支配的,必然性决定着事物发展的方向和前途,所以我们必须通过科学研究发现必然性,按必然规律办事,不要被偶然现象所迷惑。

(2)因为必然性是通过大量偶然性表现出来的,偶然性是必然性的表现形式和补充,所以我们应当抓住偶然性提供的机遇,揭示偶然现象背后隐藏的必然性。

(3)我们在实际工作中决不能忽视偶然性。

175.(1)本质和现象是对立的,我们对事物的认识不能停留在表面现象上。

(2)本质和现象是统一的,对大量的现象进行深入分析是揭示事物本质的正确途径。

176.(1)意识是人脑的机能,人脑是意识的物质器官。

(2)意识是客观世界的主观映像,是人脑对客观世界的反映。

(3)意识是社会的产物。

177.(1)意识只是客观事物反映到人脑中形成的主观映像,而不是客观事物本身。

(2)意识是通过感觉、知觉、表象等感性形式,概念、判断、推理等理性形式,以及情感、意志等非理性因素反映客观事物的,这些都是主观世界所特有的。

(3)个体意识之间有差异性。

(4)人的意识不仅能近似正确地反映客观世界上存在的东西,而且能够创造出客观世界中并不存在的事物的观念或形象。

178.(1)尽管意识是客观事物的主观映像而不是客观事物本身,但它们都是对客观事物的反映,其内容来源于客观事物。

(2)意识的感性形式、理性形式以及情感、意志尽管是主观世界所特有的,但都是反映着客观事物的。

(3)个体意识具有差异性,但产生差异的原因是客观的。

(4)人的意识能够创造出客观世界中并不存在的事物的观念或形象,但这种创造是把客观世界中存在的事物在观念和表象中加以改造而形成的,它仍然来源于客观世界。

179.(1)意识活动具有目的性和计划性。

(2)意识活动具有主动性、创造性。

(3)意识对于人的生理活动具有一定影响作用。

(4)意识能通过指导实践改造客观物质世界。

180.(1)实事求是对辩证唯物主义和历史唯物主义的高度概括,贯穿于马克思主义哲学的唯物论、辩证法、认识论、价值观、历史观等各个组成部分之中,是马克思主义哲学的灵魂。

(2)实事求是党的思想路线的核心。

(3)坚持实事求是,必须求真务实。

(4)实事求是中国共产党人认识世界和改造世界的根本思想方法、工作方法和领导方法,是党带领人民推动中国革命、建设和改革事业不断取得胜利的重要法宝。

181.(1)人作为认识主体具有自然的物质基础。

(2)认识主体不仅具有自然的物质基础,而且具有社会性。

(3)认识主体具有历史性,认识主体的社会性和历史性是分不开的。

(4)认识主体具有能动性,这是认识主体的突出特点。

182.真理的价值具体表现在它的功能上。

(1)真理具有指导实践的功能。

(2)真理具有再认识的功能。

(3)真理具有教育和激励的功能。

183.(1)党的思想路线坚持了一切从实际出发的原则。

(2)党的思想路线坚持了理论联系实际的原则。

(3)"实事求是"这四个大字是党的思想路线的核心，也是马克思主义哲学的精髓和活的灵魂，它充分地体现了马克思主义认识论的根本原则。

(4)党的思想路线坚持了实践是检验真理的唯一标准。

184.(1)生产方式或生产活动，是人类从动物界分离出来的根本动力和人类区别于动物的根本标志。

(2)生产方式或生产活动是人类和人类社会得以存在和发展的基础。

(3)生产活动是形成人类一切社会关系的基础。

(4)生产方式决定社会制度的性质和社会制度的更替。

185.(1)社会意识的内容来源于社会存在。

(2)社会意识随着社会存在的发展变化而发展变化。

(3)社会意识受反映者(意识主体)的立场、观点、方法的影响和制约，而反映者的立场、观点、方法是由人们在社会存在中的地位决定的。

186.(1)社会意识与社会存在变化发展的非完全同步性，社会意识往往落后于社会存在，先进的社会意识能在一定程度上预见社会发展的趋势，成为社会变革的先导；

(2)社会意识与社会经济发展水平具有不平衡性，社会经济发展水平较高的国家，某项社会意识形式的发展水平可能较低，与此相反，社会经济发展水平较低的国家，某些社会意识形式的发展水平可能较高；

(3)社会意识的发展具有历史继承性，任何时代的社会意识都和以前时代的社会意识有联系，它的产生和发展要以前人所积累的思想材料为前提，继承前人的思想成果；

(4)社会意识各种形式之间相互作用、相互影响；

(5)社会意识对社会存在具有反作用或称能动性，这是社会意识相对独立性的重要表现。

187.(1)独立的实体性因素。

(2)运筹性的综合因素。

(3)渗透性因素，主要指自然科学。

(4)准备性因素，主要指教育。

188.(1)科学渗透于现代生产力系统的各类要素之中。

(2)在现代化生产中，出现了"科学—技术—生产"的过程，使科学对物质生产具有了主导作用和超前作用。

(3)科学技术已经成为推动生产力发展的重大杠杆。

189.(1)生产资料的所有制形式；

(2)人们在生产中的地位及其相互关系(包括交换)；

(3)产品的分配方式。

190.首先，在历史决定论看来，纯粹的必然性只存在于逻辑中。

其次，在历史决定论看来，社会规律所揭示的社会过程之间的联系，不是单值对应的线性因果联系，即单义决定，而是多值的、或然的、非线性的因果联系，即或然决定。

再次，每一种可能性的实现，又会有多种多样的形式，即各种具体的模式和途径。

191.(1)处于同一社会形态的不同国家和民族的历史具有各自的特点。

(2)各个国家在不同的社会形态中所具有的典型意义不同。

(3)人类社会在由较低的社会形态向较高的社会形态转变时，不同国家和民族采取的过渡形式各有特点。

(4)有些国家和民族由于特殊的社会历史条件，在社会形态转变过程中，可能超越某一个或某几个社会形态。

192.(1)社会革命是阶级社会由低级向高级发展的决定性手段。

(2)人民群众在革命时期能发挥出创造历史的巨大的主动性和积极性。

(3)革命阶级革命斗争中受到锻炼和改造，成为建设新社会的基础。

193.(1)社会革命是人类社会的根本质变，是用新的进步的社会制度代替旧的落后的社会制度；社会改革则是同一社会制度总的量变过程中的部分质变，不改变社会制度的根本性质。

（2）社会革命是由被统治阶级发动的，目的是推翻反动统治阶级的国家政权，建立新的革命阶级的政权；社会改革则是由统治阶级内部的某种社会势力、社会集团发动的，目的是维护和巩固统治阶级的统治地位。

（3）从历史上看，社会革命往往要通过暴力革命的形式；社会改革虽然也要付出代价，甚至流血牺牲，但一般不需要采取大规模的武装斗争和暴力冲突的形式。

194.（1）社会改革可以巩固新生的社会制度或使原有的社会制度持续存在并获得一定程度的发展。

（2）在社会主义社会以前，社会改革为新社会制度的诞生作量变和部分质变的准备。

（3）在社会经济、政治等社会体制改革的过程中，必然伴随着人们思想观念和价值取向的变更。

195.（1）劳动是人的本质。

（2）人的本质是一切社会关系的总和。

（3）人的需要即人的本质。

196.（1）人的出现与社会的产生是一致的。

（2）人的活动与社会结构及其发展变化是一致的。

（3）社会的本质和人的本质是一致的，这种一致的基础是实践。

（4）个人的解放与社会的解放是一致的。

197.（1）人民群众是物质财富的创造者。

（2）人民群众是精神财富的创造者。

（3）人民群众是实现社会变革的决定力量。

198.（1）人民群众自己解放自己的观点。

（2）全心全意为人民服务的观点。

（3）向人民群众负责的观点。

（4）向人民群众学习的观点。

199.（1）由生产的客观标准条件，即现有的社会正常生产条件所决定，也就是由现时某一生产部门中大多数同类商品的生产所使用的生产资料条件，以及所达到的技术装备水平所决定。

（2）由生产的主观标准条件，即由社会平均的劳动熟练程度和平均的劳动强度所决定。

200.贵金属之所以能固定地充当货币，一方面因为它本身也是包含一定价值的商品，另一方面因为它具有体积小而价值大、质地均匀、易于分割、不易腐烂、便于保存和携带等自然属性，便于执行货币的职能。

201.（1）价值尺度；

（2）流通手段；

（3）贮藏手段；

（4）支付手段；

（5）世界货币。

202.（1）如果生产者生产的商品不符合社会需要，全部销售不出去，他的劳动不被社会所承认，私人劳动就不能转化为社会劳动。

（2）如果商品生产者所生产的商品只能部分销售出去，或者他生产商品的个别劳动时间大于社会必要劳动时间，其私人劳动就只能有一部分转化为社会劳动，其余的部分则得不得社会承认，不能转化为社会劳动。

203.（1）商品价格波动的中心是价值，价格无论怎样变动，总是以价值为基础而变动的，价格波动的幅度不会偏离价值太远。

（2）从较长期和全社会总体来看，同一种商品价格的上涨部分和下降部分可以互相抵消，因而一定时期之内在总体上价格与价值相等，商品的平均价格和价值相一致。

204.（1）价值规律自发地调节生产资料和劳动力在社会各部门之间分配的比例，即调节社会资源的配置。

(2)价值规律自发地促进社会生产力的发展。

(3)价值规律会引起和促进商品生产者的分化。

205.(1)劳动者有人身自由。他必须有权支配自己的劳动力,才可能把它作为商品出卖。

(2)劳动者丧失了一切生产资料和生活资料,除了自己的劳动力以外一无所有,必须靠出卖劳动力为生。

206.劳动力商品的价值包括以下三部分生活资料的价值:

(1)维持劳动者自身生存所必需的生活资料的价值,用以再生产他的劳动力;

(2)劳动者繁育后代所必需的生活资料的价值,用以延续劳动力的供给;

(3)劳动者接受教育和训练所支出的费用,用以培训适合资本主义再生产所需要的劳动力。

207.(1)剩余价值规律体现着资本主义的生产目的。

(2)剩余价值规律决定着资本主义生产的一切主要方面和主要过程,支配着资本主义的生产、分配、交换和消费的各个环节。

(3)剩余价值规律决定着资本主义生产方式产生、发展和衰亡的全部过程。

208.社会总产品的构成包括两个方面。一方面,社会总产品从实物形态上按其最终用途区分为两大类,即生产资料和消费资料。另一方面,社会总产品从价值形态上区分为三个构成部分,即不变资本价值(c)、可变资本价值(v)、剩余价值(m)。

209.社会总产品的实现,也就是社会总产品的补偿,它有两个方面。一方面是社会总产品的价值补偿,即社会总产品的各个构成部分的价值,包括不变资本价值、可变资本价值和剩余价值,如何由商品形式转化为货币形式,即如何通过商品的销售以货币形式收回,以便补偿预付资本的价值,并获得剩余价值。另一方面是社会总产品的物质补偿,即社会总产品的各个构成部分的价值转化为货币形式以后,如何再转化为所需要的产品,其中,相当于不变资本的价值从哪里和怎样重新获得所需要的生产资料,相当于可变资本的价值和资本家用于个人消费的剩余价值从哪里和怎样获得所需要的生活资料。只有使社会总产品既从价值上得到补偿,又从物质上得到补偿,才能保证整个社会资本再生产得以正常顺序进行。

210.资本主义基本矛盾有两种主要表现形式。一种表现是个别企业内部生产的有组织性和整个社会生产无政府状态之间的矛盾。另一种表现是资本主义生产无限扩大的趋势和劳动人民有支付能力的需求相对缩小之间的矛盾。

211.(1)企业兼并速度加快,混合兼并占主导地位。

(2)企业规模扩大,垄断程度提高。

(3)垄断组织的生产经营多样化,混合联合企业大量涌现。

(4)垄断组织向国际化方向发展,跨国公司迅速增加。

212.(1)垄断财团实力的迅速增长。

(2)垄断财团的经营向多样化方向发展。

(3)垄断财团经营日益国际化。

213.(1)竞争的目的不同。

(2)竞争的手段有了新的变化。

(3)竞争的激烈程度和后果不同。

(4)竞争的范围不同。

214.(1)国家直接掌握的垄断资本,也就是资本主义国家中的国有经济、国有企业。

(2)国家和私人资本在企业内部的结合,也即资本主义国家中的国有资本与私人资本结合在一个企业中的经济形式。

(3)国家和私人资本在企业外部的结合,也就是国家垄断资本主义在资本主义私人企业的外部起作用,通过种种方式来促进、诱导私人企业向既定的方向发展,从而实现国家对经济的管理和调节。

215.(1)为过剩资本找到了出路,并由此获得大量来自海外的高额利润和利息。

(2)资本输出是输出国控制输入国的重要手段。

(3)资本输出是输出国扩大商品出口的重要手段。

(4)资本输出使金融资本的银行网遍布全世界，从而强化了金融资本在世界经济、政治舞台上的统治地位。

216.(1)新科学技术，特别是计算机、通讯技术日新月异的进步和在社会经济生活中的广泛应用，加强了国际经济联系。

(2)国际贸易的自由程度大大提高。

(3)国际资本流动的大幅增加。

217.(1)无产阶级革命是要消灭私有制、建立公有制的社会革命，这是以往不同私有制之间相互取代所发生的革命不可比拟的。

(2)无产阶级革命是最终要彻底消灭一切阶级剥削和阶级统治的革命。

(3)无产阶级革命是为绝大多数人谋利益的运动。

(4)无产阶级革命是不断前进的历史进程。

218.首先，把社会主义建设作为一个长期探索、不断实践的过程。其次，把大力发展生产力、提高劳动生产率放在首位。再次，在社会主义建设中，特别是过渡时期不能人为取消商品经济，而要利用商品货币关系发展经济。最后，列宁还提出利用资本主义，建设社会主义。

219.(1)是生产资料所有制的变革。

(2)是计划经济体制的建立和发展。

(3)是政治思想文化等各项事业的建设与发展。

220.(1)社会主义作为一种现实存在的社会制度出现在世界上，推动了人类历史的发展和社会制度的演进。

(2)社会主义国家的存在改变了世界格局，在一定程度上遏制了资本主义和霸权主义在世界上的扩张。

(3)社会主义力量坚定地支出被压迫民族和被压迫人民，推动着和平和发展的世界时代潮流。

(4)社会主义引导着世界人民的前进方向。

五、论述题

221.(1)马克思、恩格斯都树立了为人类解放事业而奋斗的崇高理想，他们仇视和憎恨剥削制度，同情和热爱贫苦的劳动大众，有强烈的革命热情和激情。

(2)马克思、恩格斯勤奋好学，兴趣广泛，涉猎较多的学科领域，在崎岖的科学小道上不畏艰险、用于攀登，掌握了人类创造的丰富的文明成果，在很多学科都颇有建树。

(3)马克思、恩格斯既不是蛰居书斋的学者，也不是鲁莽的实践家，与同时代的其他人相比，他们具有双重的优越性：比起工人活动家，他们具有高度的理论素养和渊博的学识；而比起其他理论家，他们又具有强烈的实践愿望、实践经验和组织领导工人运动的实际能力。

222.(1)社会主义社会的改革是主动的、自觉的，剥削阶级占统治地位的社会的改革是被动的、自发的，统治阶级往往是在被统治阶级强烈反抗的条件下，不得已而对经济基础和上层建筑进行某些调整的。

(2)社会主义社会的改革，是从广大人民群众的利益出发，为了满足广大人民群众的要求而进行的，因而得到广大人民群众的支持和拥护，有广阔而深厚的群众基础；剥削阶级占统治地位的社会的改革，虽然也能满足群众的某些利益和要求，但从根本上说是从统治阶级的利益出发、为了维护统治阶级的统治地位而进行的，因而不能广泛地唤起民众，缺乏深厚的群众基础。

(3)社会主义社会的改革，可以在社会主义制度本身的范围内，使各种矛盾不断地得到解决；剥削阶级占统治地位的社会的改革，只能暂时缓和社会的矛盾，但不能在旧社会制度本身的范围内最后解决它的固有矛盾。

223.(1)一般地说，先进阶级的政治代表人物能够反映他们所处的那个时代的发展趋势，比同时代、同阶级的人站得高，看得远，能够提出社会发展的先进思想和主张。这些思想和主张，常常是社会发展的先导。他们在革命和建设事业中，起着倡导者和发起人的作用。

(2)先进阶级的政治代表人物，能够根据他们的先进思想和主张，制定具体的纲领、路线、政策和战略、策略，并动员和组织本阶级成员与广大人民群众同阻碍社会进步的反动阶级、反动社会势力进行斗争。他们在斗争中起着核心和中流砥柱的作用。特别是在复杂的阶级斗争中，没有他们的组织和领导，不可能取得胜利。

(3)在历史发展的一定阶段上，某些占统治地位的剥削阶级的代表人物，在特定的社会条件下，可能成为"开明的政治家"，他们的一些主张和改革措施，也对社会发展起某些促进和推动作用。

(4)杰出的科学家、思想家、理论家、教育家、文学艺术家的创造性活动及其成果，对于人类科学文化教育事业的发展和社会的物质文明与精神文明水平的提高起着重要的作用，有力地推动了历史的发展和社会的进步。

224.资本主义再生产周期一般来说包括危机、萧条、复苏、高涨四个阶段。

危机阶段是再生产周期的决定性阶段。这个阶段的特点是，商品销售困难甚至被销毁，企业开工不足甚至倒闭，生产下降，工人大批失业，货币信用制度被破坏，整个社会经济生活限于瘫痪和混乱，生产力遭到严重破坏。

萧条阶段的特点是，生产不再下降，企业停止倒闭，失业人数不再增加，但商品销售仍很困难，信贷关系呆滞。

复苏阶段的特点是，市场销售扩大，生产逐渐回升，企业利润增加，就业日益增多，信贷关系逐渐活跃，当社会生产赶上和超过危机前的最高点时，便过渡到高涨阶段。

高涨阶段的特点是，市场繁荣，生产上升，企业规模扩大，增加新建企业，就业人数明显增加，社会购买力提高，信贷关系兴旺。整个社会经济呈现一片繁荣景象。

然而，随着社会生产的发展，当资本主义基本矛盾又重新激化，市场上的商品又再度过剩时，就不可避免地再一次爆发经济危机。

225.(1)仅靠私人垄断资本的力量，无法满足大规模经济建设所需要的巨额资金。

(2)在一些大规模公共设施的建设上，私人垄断资本无能为力或不愿进行投资建设。

(3)一些大型、基础性、前导性的科学研究项目，也是私人垄断资本不愿涉足的领域。

(4)日益严重的生产过剩问题仅靠私人垄断资本难以解决。

(5)社会化大生产的发展要求国家出面进行某些宏观经济调控。

(6)在经济利益关系的调整方面，国家的再分配功能也越来越重要。

226.(1)公开市场业务，即由中央银行在货币资本市场上公开出售或收购有价证券，若是中央银行大量收购有价证券，则意味着一般商业银行手中的货币就有所增加，因而流通中的货币量就多了，反之则相反。

(2)最低准备金率政策，在发达市场经济国家有法律规定的储备金制度，即商业银行要把一定比例的资金存入中央银行，以保证金融秩序的稳定，这个法定准备金率若是提高了，商业银行须向中央银行上缴更多的货币资金，则流通中的货币就会减少，反之则相反。

(3)再贴现利率政策，商业银行可以把手中的未到期有价证券拿到中央银行再去贴现，如果再贴现利率降低，商业银行就会拿出更多的有价证券去贴现，这样流通中的货币就会增加，反之则相反。

227.(1)解放和发展生产力，创造高度发达的生产力和比资本主义更高的劳动生产率。

(2)建立和完善社会主义的生产资料公有制，逐步消灭剥削，消除两极分化，最终达到共同富裕。

(3)实行按劳分配的社会主义的分配原则。

(4)社会主义事业要有马克思主义政党的领导，建立起社会主义国家政权，发展社会主义民主，完善社会主义法制，建设社会主义的政治文明。

(5)以马克思主义为指导的社会主义文化和精神文明建设。

(6)以人为本，构建和谐社会。

228.(1)社会生产力高度发展和物质财富极大丰富；

(2)实行社会公有制和按需分配；

(3)经济的计划调节管理和商品经济的消失；

(4)阶级的消灭和国家自行消亡;

(5)精神境界极大提高;

(6)人的自由而全面发展;

(7)全人类的彻底解放。

229.(1)二者都是以生产资料公有制作为社会经济制度的基础,在公有制范围内的生产资料和劳动产品,都属劳动者共同所有,并为社会公共的利益服务和使用。

(2)二者的生产目的都是为了满足劳动人民日益增长的物质文化生活需要,实现劳动人民的共同富裕。

(3)二者在公有制范围内的产品分配,都按照有利于社会发展和实现劳动人民利益的原则进行。

(4)二者都要消灭剥削制度,劳动人民成为社会的主人,他们之间的本质关系是平等和谐、互助合作的关系。

(5)二者都以马克思主义为指导思想,以集体主义为意识形态的核心。

230.(1)社会生产力的高度发展,为实现共产主义创造物质技术基础;

(2)全体社会成员的文化教育的普及和科学技术水平的极大提高;

(3)全体社会成员的思想觉悟和道德品质的极大提高;

(4)建立起同高度社会化生产相适应的生产资料社会公有制;

(5)消灭旧的社会分工特别是三大差别,造就出体力和智力全面发展的新人;

(6)在全世界消灭一切剥削制度和剥削阶级,作为阶级统治工具的国家自行消亡。

真题试卷(一)

一、单项选择题(本大题共 30 小题,每小题 1 分,共 30 分)

1. A 2. C 3. D 4. A 5. C 6. B 7. C 8. B 9. A 10. B 11. D 12. B 13. C 14. A

15. D 16. C 17. B 18. D 19. B 20. A 21. D 22. D 23. A 24. D 25. B 26. C

27. D 28. A 29. D 30. D

二、多项选择题(本大题共 10 小题,每小题 2 分,共 20 分)

31. ACD 32. BCD 33. AC 34. BC 35. ABC 36. BC 37. ACD 38. BD 39. ABC 40. ACD

三、简答题(本大题共 5 小题,每小题 6 分,共 30 分)

41.(1)马克思主义哲学、马克思主义政治经济学和科学社会主义是马克思主义科学体系的主要组成部分。(3分)

(2)德国古典哲学、英国古典经济学和 19 世纪英法两国的空想社会主义学说是马克思主义的直接理论来源。(3分)

42.(1)社会主义社会的改革是主动的、自觉的。(2分)

(2)社会主义社会的改革是从广大人民群众的利益出发,为了满足广大人民群众的要求而进行的。(2分)

(3)社会主义社会的改革,可以在社会主义制度本身的范围内,使各种矛盾不断得到解决。(2分)

43.(1)资本主义经济危机实质上是生产相对过剩的危机。这种过剩是与劳动者有支付能力的需求即货币购买力相比的相对过剩。(2分)

(2)经济危机产生的根源在于资本主义生产方式的基本矛盾,即生产的社会化与生产资料资本主义私人占有形式之间的矛盾。(2分)

(3)资本主义基本矛盾的主要表现:一是个别企业内部生产的有组织性和整个社会生产的无政府状态之间的矛盾;二是资本主义生产无限扩大的趋势和劳动人民有支付能力的需求相对缩小之间的矛盾。(2分)

44.(1)竞争是商品经济存在和发展的基本条件和核心机制,有商品经济就必然存在竞争,垄断资本主义经济是发达的商品经济,竞争自然不会消失。(3分)

(2)垄断资本主义社会中存在着各种经济主体,它们之间必然存在着竞争关系,包括垄断组织之间的竞争、垄断与非垄断企业之间的竞争、非垄断企业之间的竞争等。(3分)

45. (1)马克思主义政党是科学社会主义与工人运动相结合的产物。(1分)

(2)马克思主义政党是工人阶级先锋队。(2分)

(3)马克思主义政党是为实现共产主义而奋斗的党。(1分)

(4)马克思主义政党是为人民群众谋利益的党。(1分)

(5)马克思主义政党是按照民主集中制原则组织起来的团结统一的党。(1分)

四、论述题(本大题共 2 小题,每小题 10 分,共 20 分)

46. (1)量变是质变的必要准备。没有一定的量变就不会发生质变。(2分)质变是量变的必然结果。量变达到一定程度必然引起质变。(2分)量变和质变是相互渗透的。(2分)

(2)我们在社会主义建设过程中,既要有远大理想和奋斗目标,又要有步骤、分阶段地踏实苦干、稳步推进。急躁冒进、急于求成的结果,只能是事与愿违、欲速则不达。(4分)

47. (1)资本周转速度对年剩余价值量有影响作用。产业资本周转速度的快慢,影响到一定数量的预付资本在一定时期内所能带来的剩余价值量的多少。(2分)由于全部预付资本中的可变资本是剩余价值的源泉,所以一定时期内,可变资本周转的速度越快,带来的年剩余价值总量就越多。(2分)

(2)资本周转速度对年剩余价值率有影响作用,产业资本周转速度的快慢,影响到一定数量的预付资本的年剩余价值率的高低。(2分)资本周转速度越快,实际发挥作用的可变资本就越多,年剩余价值总量就越多,年剩余价值率就越高。(2分)

(3)综上所述,加速资本周转,可以增加年剩余价值量和提高年剩余价值率,从而有利于获取更多剩余价值。(2分)

真题试卷(二)

一、单项选择题(本大题共 30 小题,每小题 1 分,共 30 分)

1. A 2. C 3. B 4. C 5. D 6. B 7. C 8. C 9. B 10. C 11. B 12. B 13. A 14. A

15. B 16. B 17. B 18. B 19. C 20. D 21. A 22. C 23. A 24. D 25. D 26. C 27. A 28. D 29. A

30. B

二、多项选择题(本大题共 10 小题,每小题 2 分,共 20 分)

31. ACD 32. BCD 33. ABCD 34. ABCD 35. AC 36. AB 37. AC 38. BCD

39. ABCD 40. ABD

三、简答题(本大题共 5 小题,每小题 6 分,共 30 分)

41. (1)对立统一规律揭示了事物普遍联系的根本内容和发展变化的内在动力。(2分)

(2)对立统一规律是贯穿于唯物辩证法其他规律和范畴的中心线索,是理解它们的钥匙。(2分)

(3)矛盾分析法是认识的根本方法。(1分)

(4)是否承认对立统一规律以及矛盾是事物发展的动力,是唯物辩证法与形而上学的斗争焦点和根本分歧。(1分)

42. (1)实践是认识的基础,对认识具有决定作用。(2分)

(2)实践是认识的来源。(1分)

(3)实践是认识发展的动力。(1分)

(4)实践是检验认识真理性的唯一标准。(1分)

(5)实践是认识的目的。(1分)

43. (1)依据在剩余价值生产中所起作用的不同,可把购买生产资料的资本称为不变资本,购买劳动力的资本称为可变资本。(2分)

(2)区分不变资本和可变资本的意义在于揭露了剩余价值的源泉和资本主义的剥削实质(2分),为揭示资本家对工人的剥削程度提供了科学根据(2分)。

44.(1)国家垄断资本主义即资本主义国家与垄断资本相结合的资本主义,这种结合有多种形式,但其基本形式可归纳为三种类型。(3分)

(2)第一,国家直接掌握的垄断资本,即资本主义国家中的国有经济;第二,国家和私人资本在企业内部的;第三,国家和私人资本在企业外部的结合。(3分)

45.(1)同一切新生事物一样,社会主义作为一种崭新的社会经济制度,其成长过程必然不会一帆风顺。(2分)

(2)无产阶级及其政党对于社会主义建设规律的认识不可能一次完成而是一个不断反复的过程,从而导致社会主义的发展是一个曲折前进的过程。(2分)

(3)世界经济政治形势错综复杂的发展变化也是导致社会主义曲折发展的一个影响因素。(2分)

四、论述题(本大题共2小题,每小题10分,共20分)

46.(1)社会存在和社会意识的辩证关系:社会存在决定社会意识,社会意识反作用于社会存在(2分)。先进的社会意识对社会存在的发展起积极的推动作用,落后的社会意识对社会存在的发展起消极的阻碍作用(2分)。

(2)观念形态的文化包括一切社会意识形态。在当代中国,发展先进文化,就是发展面向现代化、面向世界、面向未来的,民族的、科学的、大众的社会主义文化。(2分)

(3)社会主义先进文化能够培育民族精神、加强思想道德建设、推动教育和科学的发展、大力发展社会主义先进文化,对全面建设小康社会,实现中华民族伟大复兴具有十分重要的作用。(4分)

47.(1)部门之间的竞争形成平均利润。部门之间的竞争是以资本转移为特征的,即资本向利润率高的部门转移(3分)。原来利润率较高的部门,由于大量资本转移进来,引起商品供求关系的变化,导致商品价格的变化,从而影响利润率的变化。这样,资本在不同部门之间的转移,最终形成平均利润率(3分)。

(2)平均利润率 = 社会的剩余价值总额 ÷ 社会预付总资本

平均利润 = 预付资本 × 平均利润率(2分)

(3)平均利润本质上是全社会的剩余价值在各生产部门资本家之间的重新分配,体现着整个资产阶级剥削整个工人阶级的经济关系。(2分)

强化模拟(一)

一、单项选择题(本大题共25小题,每小题2分,共50分)

1.C　2.B　3.D　4.D　5.C　6.A　7.B　8.B　9.D　10.D　11.D　12.D　13.B　14.A　15.A　16.A　17.B　18.B　19.A　20.B　21.D　22.B　23.B　24.B　25.D

二、简答题(本大题共5小题,每小题6分,共30分)

26.马克思主义的根本理论特征是以实践为基础的科学性和革命性的统一。

(1)马克思主义的科学性,在于它不带任何偏见,力求按照世界的本来面目如实地认识世界;在于它的深刻性;还在于它经受了实践的检验并随之不断发展。

(2)马克思主义的革命性集中体现为它的彻底批判精神,不仅适用于对资本主义制度的批判,也适用于社会主义社会的自我反思、自我审视,以及它具有鲜明的政治立场。

(3)马克思主义的革命性和科学性是紧密联系在一起的。科学性根源于革命性的要求,并且通过革命性表现出来;革命性必须以科学性为前提和基础,并且靠科学性来保证。二者内在地结合在马克思主义的整个理论体系之中,通过一系列原理表现出来。

(4)马克思主义的科学性和革命性都是以实践性为基础的。实践的观点是马克思主义的基本观点,是马克思主义的出发点和归宿。

27.(1)可知论和不可知论是由对思维能不能认识存在、能不能正确地认识现实世界这个问题的不同回答而划分出来的。

(2)唯物主义哲学都是可知论,认为人的思维能认识、并能够正确认识现实世界,即认为现实世界是可知的。

（3）不可知论是指那些认为世界不可认识或不能彻底认识的哲学认识论。不可知论不承认人类知识的客观性，是一种错误的、消极的理论。马克思主义哲学把实践现引入认识论，认为人在实践中能够认识并能够正确认识客观世界。实践的观点彻底批驳了不可知论和哲学上的其他一切怪论。

28.在以私有制为基础的商品经济中，价值规律对社会经济的发展有以下三方面作用：

（1）价值规律自发地调节生产资料和劳动力在社会生产各部门之间分配的比例，即调节社会的配置。

（2）价值规律自发地促进社会生产力的发展。

（3）价值规律会引起和促进商品生产者的分化。

29.（1）仅靠私人垄断资本的力量，无法满足大规模经济建设所需要的巨额资金。

（2）在一些大规模公共设施的建设上，私人垄断资本无能为力或不愿进行投资建设。

（3）一些大型、基础性、前导性的科学研究项目，也是私人垄断资本不愿涉足的领域。

（4）日益严重的生产过剩问题仅靠私人垄断资本难以解决。

（5）社会化大生产的发展要求国家出面进行某些宏观经济调控。

（6）在经济利益关系的调整方面，国家的再分配功能也越来越重要。

30.（1）在马克思和恩格斯的著作中，设想社会主义革命将在发达资本主义国家同时取得胜利。他们认为共产主义的第一阶段，即社会主义社会的主要特征是：生产资料归全社会所有的公有制；根据社会的需要对社会生产的计划管理和调节；劳动者生产的社会总产品经过一定扣除后，对个人消费品实行按劳分配；商品经济消亡；阶级对立和阶级差别消失；国家开始消亡，但尚未完全消亡。

（2）列宁根据十月革命后一段时期的实践，对社会主义社会的特征作了进一步的论述和概括：在所有制上是全民所有制经济与集体所有制合作经济并存；在进行社会主义建设的过渡时期，还存在商品生产和商品交换；具有高度发达的生产力和比资本主义高的劳动生产率；建立工人阶级和劳动人民的政权及其民主制度等。

三、论述题（本大题共3小题，考生任选其中2题作答，每小题10分，共20分）

31.（1）原理：

①量变和质变是事物发展变化的两种状态。量变是事物数量的增减和场所的变更，以及事物构成成分在空间上排列组合的变化。质变是事物根本性质的变化，是事物由一种质态向另一种质态的飞跃。事物的变化是否超出度的范围，是区分量变和质变的根本标志。

②量变和质变是辩证统一的，表现在：第一，量变是质变的必要准备。质变以量变为前提和基础，没有一定的量变，就不会发生质变。第二，质变是量变的必然结果。单纯的量变不会永远持续下去，量变达到一定的程度必然引起质变。第三，量变和质变相互渗透。一方面，质变体现和巩固量变的成果，结束在旧质基础上的量变，为在新质基础上的量变开拓道路；另一方面，在总的量变过程中有阶段性和局部性的部分质变。

（2）现实意义：质量互变规律要求我们在社会主义建设和改革过程中，把远大的理想和目标同有步骤、分阶段地踏实苦干、稳步前进的精神结合起来，既要反对急躁冒进、急于求成，也要反对保守落后、裹足不前。只有这样，才能使社会各项事业得到又好又快的发展。

32.（1）社会形态发展的统一性，是指处于同一社会形态的不同国家和民族的历史发展具有的共同性、普遍性，即具有大致相同的生产力发展水平，大致相同的生产关系体系，大致相同的上层建筑。社会形态发展的统一性，仅仅指明各个国家和民族历史发展过程的共同性质、一般规律、客观必然性，并不能概括它们各自历史发展的全部内容，不能反映它们各自历史的全部变化和全部细节，不能说明它们彼此之间的各种差别。

（2）社会形态发展的多样性，是指不同国家和民族的历史发展有不同的特点，在经济、政治、文化发展上都有自己民族的特色，各国的历史可以说是千差万别的。社会形态发展的多样性主要表现在以下几个方面：

①处于同一社会形态的不同国家和民族的历史具有各自的特点。

②各个国家在不同的社会形态中所具有的典型意义不同。

③人类社会在由较低的社会形态向较高的社会形态转变时,不同国家和民族所采取的过渡形式各有特点。

④有些国家和民族由于特殊的社会历史条件,在社会形态转变过程中,可能超越某一个或某几个社会形态。

33.(1)社会资本再生产的顺利实现,要求在社会资本再生产过程中的两大部类之间保持一定的比例关系。

(2)这种比例关系有两个基本方面:

①第一部类所生产的全部生产资料,既要能够补偿两大部类对生产过程中已经消耗掉的生产资料的需求,又要能够补偿两大部类在进一步扩大再生产规模中对追加的生产资料的需求。这就表明,第一部类所生产的全部生产资料,必须同第一部类和第二部类在生产过程中所需要的生产资料保持协调的比例关系。

②第二部类所生产的全部消费资料,既要能够补偿两大部类的劳动者和资本家对消费资料的需求,又要补偿两大部类在进一步扩大生产规模中劳动者和资本家对追加的消费资料的需求。这就表明,第二部类所生产的全部消费资料,必须同第一部类和第二部类在生产过程中所需要的消费资料保持协调的比例关系。

(3)社会资本再生产的顺利进行,要求两大部类之间必须保持一定的比例关系。但是,在资本主义制度下,资本主义基本矛盾以及其他一系列内在矛盾,经常导致这种比例关系和社会总产品的实现条件遭到破坏,社会总产品的实现经常发生困难,甚至周期性地爆发经济危机,致使资本主义再生产不可能持续顺利地进行。

强化模拟(二)

一、单项选择题(本大题共 25 小题,每小题 2 分,共 50 分)

1.A 2.B 3.C 4.A 5.C 6.A 7.C 8.B 9.D 10.D 11.D 12.C 13.A 14.C

15.C 16.B 17.B 18.C 19.D 20.B 21.B 22.D 23.B 24.D 25.D

二、简答题(本大题共 5 小题,每小题 6 分,共 30 分)

26.(1)列宁的物质定义是:"物质是标志客观实在的哲学范畴,这种客观实在是人通过感觉感知的,它不依赖于我们的感觉而存在,为我们的感觉所复写、摄影、反映。简言之,物质是不依赖于意识又能为意识所反映的客观实在,物质的唯一特性是客观实在性。"

(2)列宁的物质定义具有重要的理论意义。第一,它指出物质是不依赖于意识的客观实在,同唯心主义划清了界限;第二,它指出物质是可以被人们认识的,同不可知论划清了界限;第三,它指出客观实在性是一切物质的共性,克服了旧唯物主义物质观的局限性。

27.群众观点是马克思主义政党的根本观点,是由党的基本性质决定的。群众观点是马克思主义中国化的重要成果,是对唯物史观的重要贡献。其主要包括四个方面的内容:

(1)人民群众自己解放自己的观点。人民群众是创造历史的决定力量,只有依靠人民群众自觉的努力和斗争,才能取得革命和建设事业的胜利。

(2)全心全意为人民服务的观点。全心全意为人民服务是无产阶级政党的宗旨。一切为了人民群众的利益,是无产阶级政党活动的根本出发点。

(3)向人民群众负责的观点。无产阶级政党及其成员,要把向人民群众负责作为自己言行的最高准则,把对党的领导机关负责和对人民群众负责统一起来。

(4)向人民群众学习的观点。人民群众是智慧和力量的源泉,个人的才能和能力总是有限的。

28.(1)影响资本周转速度的因素有两个:一是资本周转时间的长短,包括生产时间和流通时间的长短;二是生产资本的构成。

(2)资本周转速度的快慢,受生产时间和流通时间的重要影响。生产时间和流通时间越短,资本周转速度就越快;反之,生产时间和流通时间越长,资本周转速度就越慢。

(3)生产资本的构成是生产过程中影响资本周转速度的重要因素。生产资本的不同构成部分,依据其价值周转方式的不同,划分为固定资本和流动资本两个部分。生产资本的构成对产业资本家预付的全部资本的周转速度具有重大影响,这种影响来自两个方面:一是生产资本中固定资本和流动资本的比例;二是固定资本和流动资本本身的周转速度。

29.(1)在这些国家里大力发展生产力,赶上和超过发达国家是一个长期而艰巨的历史任务。

(2)在这些国家里建设社会主义精神文明、发展社会主义民主与完善社会主义法制,充分显示社会主义制度的优越性,也将是一个长期而艰巨的历史任务。

(3)这些国家的建设和发展是在与资本主义国家并存的环境下,在资本主义发达国家主导的世界政治经济秩序中曲折前进的,面临着国际环境的严峻挑战。

(4)这些国家的执政党和广大人民对社会主义发展道路的探索,对社会主义建设客观规律的认识和利用,需要一个长期的艰苦的过程。

30.(1)社会生产力高度发展和物质财富极大丰富。

(2)实行社会公有制和按需分配。

(3)经济的计划调节管理和商品经济的消失。

(4)阶级的消灭和国家自行消亡。

(5)精神境界极大提高。

(6)人的自由而全面发展。

(7)全人类的彻底解放。

三、论述题(本大题共3小题,考生任选其中2题作答,每小题10分,共20分)

31.(1)感性认识和理性认识是认识的两个阶段,既相互区别又相互联系,二者是对立统一的关系。

(2)感性认识和理性认识的区别:感性认识是对事物表面的、直接的、具体的、个别特性的反映,因而是不深刻的、片面的认识;理性认识是对事物本质的、全体的、间接的、概括的反映,因而是深刻的、全面的、相对稳定的认识。

(3)感性认识与理性认识的联系表现在以下几个方面:第一,理性认识依赖于感性认识;第二,感性认识有待于发展到理性;第三,感性认识和理性认识相互渗透。

(4)在认识过程中,感性认识和理性认识是不可分割的,如果将二者割裂开,就会犯经验论或唯理论的错误。

(5)在实际工作中,经验论和唯理论是经验主义和教条主义的认识论根源。经验主义夸大个别的、局部的经验的作用,否认科学理论的指导意义;教条主义夸大理论和书本知识的作用,轻视实际经验,把理论当作万古不变的教条,生搬硬套。

32.(1)超额剩余价值就是商品的个别价值低于社会价值之间的差额。个别企业率先采用先进生产设备和技术,提高劳动生产率,使生产商品的个别劳动时间低于社会必要劳动时间,商品个别价值低于社会价值,这个企业的资本家就会由于按社会价值出售商品,而能够比其他资本家获得更多的剩余价值,即获得超额剩余价值。

(2)为了追求超额剩余价值,各个资本家之间进行激烈竞争。少数企业不可能长期垄断先进生产条件,当先进技术得到普及以后,该部门的平均劳s动生产率将会提高,从而导致商品的社会价值下降,个别价值低于社会价值的差额便会消失,原来的超额剩余价值就不存在了。但是,由于劳动生产率普遍提高的结果,使单位商品价值降低,从而劳动力价值也相应降低,必要劳动时间缩短,剩余劳动时间延长。因此,超额剩余价值虽然在个别资本家那里消失了,但所有的资本家却都可以由于劳动生产率的普遍提高而得到相对剩余价值,由此可见,相对剩余价值生产是在各个资本家追求超额剩余价值的过程中实现的。

33.(1)当代资本主义在政治、经济、社会诸方面发生很多变化,其原因可以从生产力、生产关系和上层建筑三方面来分析:

①在生产力方面,当代资本主义经济之所以能在一定程度上快速发展,主要是生产力自身发展规律,特别是科学技术自身发展规律作用的原因。在现代生产力的发展中,科学技术发挥着越来越大的作用,每当科学技术有重大突破,都会促使生产力加速发展。

②在生产关系方面,主要是在所有制关系上,资本主义国家在其自身范围内进行不断的调整,以适应生产力发展的要求。在微观经济规制和宏观经济管理上,资本主义国家都进行了一些适应生产力发展和市场经济要求的措施。在分配方面,在不改变财富分配比例,甚至提高资本家所占比例的前提下,资本主义国

家也进行了某些调整和再分配,缓和了社会矛盾。

③在上层建筑方面,当代资本主义国家的新变化归根结底是经济基础发展变化所要求的。生产社会化、国际化和经济全球化的发展,资本社会化、股权分散化的现实,必然要求资本主义政治制度与国家法制在有利于资产阶级的范围内健全、充实与完善,从而为资本主义制度的存在和发展服务。

(2)当代资本主义虽然发生了许多新变化,但它的经济基础仍然是资本主义的私人占有制。资本主义的自我调节与完善,都是在资本主义制度所允许的范围之内进行的。资本主义国家的新变化,说明它在总的量变过程中,已经发生了某些阶段性的部分质变。当代西方发达资本主义国家将会继续这种非爆发式质变过程。其内部自我否定的因素将不断积累,新社会因素也会逐步增多。做出这样的判断,并不是说资本主义的本质已经改变,它很快就会转变为社会主义。目前,它的根本性质尚未改变。同时,非爆发式质变形式往往是一个十分漫长的过程,西方发达资本主义要完成这一转变,也必然要经历一个漫长的历史过程。

图书在版编目（CIP）数据

马克思主义基本原理概论自学同步辅导／罗发仁编.
—长沙：中南大学出版社，2015.10（2022.9 重印）
ISBN 978-7-5487-2015-7

Ⅰ. ①马… Ⅱ. ①罗… Ⅲ. ①马克思主义理论－高等
教育－自学考试－自学参考资料 Ⅳ. ①A81

中国版本图书馆 CIP 数据核字（2015）第 251948 号

马克思主义基本原理概论自学同步辅导

罗发仁　编

□**责任编辑**　唐天赋
□**责任印制**　唐　曦
□**出版发行**　中南大学出版社
　　　　　　　社址：长沙市麓山南路　　　　邮编：410083
　　　　　　　发行科电话：0731-88876770　　传真：0731-88710482
□**印　　装**　长沙市宏发印刷有限公司

□**开　　本**　787 mm×1092 mm 1/16　□**印张** 7　□**字数** 173 千字
□**版　　次**　2015 年 10 月第 1 版　　　　□**印次** 2022 年 9 月第 7 次印刷
□**书　　号**　ISBN 978-7-5487-2015-7
□**定　　价**　18.00 元